E. CHAMOUTON

Chanoine honoraire, Directeur au Séminaire

DE LONS-LE-SAUNIER

LETTRES

D'ORIENT

LONS-LE-SAUNIER

IMPRIMERIE ET LITHOGRAPHIE A. GEY ET Cie

20, rue St-Désiré, 20

—

1900

E. CHAMOUTON

Chevalier de l'Ordre de la Sainte

DE LONS-LE-SAUNIER

LETTRES
D'ORIENT

LONS-LE-SAUNIER

IMPRIMERIE ET LITHOGRAPHIE A. GEY ET Cie

20, rue St-Désiré, 20

1900

O^2

981

PREMIÈRE LETTRE

Le départ. — Le « Tigre ». — La vie à bord. — La Corse, Stromboli Messine, la Crète. — Egine. — Au golfe Saronite

Constantinople, 20 août 1899.

Vous attendez avec impatience des nouvelles de votre pèlerin ; le voici qui, enfin, vient à vous. Mais ne vous attendez pas à un récit détaillé de nos excursions et de nos incidents de voyage ; le temps dont je dispose ne me permet guère que de vous donner un petit journal.

D'abord, vous savez comment je me trouve ici. Les souvenirs délicieux d'un premier pèlerinage en Orient ; le charme que les Lieux-Saints ont exercé sur mon âme, l'espérance d'avoir en ma compagnie un ami de vieille date, m'ont arraché au petit nid d'où, à mon âge, on n'aime déjà plus guère à sortir. Deux caravanes allaient en même temps se diriger vers Jérusalem ; d'un côté la *Nef du Salut* où j'aurais rencontré la direction dont, à mon premier voyage, je n'avais eu qu'à me féliciter et qui conserve toutes mes sympathies ; de l'autre, une œuvre plus jeune, connue sous le nom de *Pèlerinage de Vacances*, recueillant les pèlerins qu'effraie le titre de *Pèlerinage de Pénitence*. Mon horreur pour les foules, le désir de voir l'Egypte me détermina à me ranger sous la direction de M. l'abbé Potard. Voilà comment, le 18 août, au soir, je me trouvais à Marseille, hôtel de Rome, pour embarquer le lendemain à bord du *Tigre*.

La visite à Notre-Dame de la Garde est un préliminaire obligé de tout pèlerinage aux Lieux-Saints, c'est aussi une douce satisfaction pour l'âme chrétienne : dans la pieuse basilique, on goûte ce doux sentiment de confiance que répand dans le cœur la protection de la Vierge. Longtemps, je me souviendrai de cette messe célébrée là-haut dans une petite chapelle, au son harmonieux du bourdon qui chante la gloire de Notre-Dame et porte à la ville le souvenir de sa gardienne, au milieu de la foule des fidèles, qui sont venus, en ce samedi, offrir leur bouquet à la Madone. La messe du pèlerinage, les quelques mots qui nous furent adressés, le salut du saint Sacrement, les bénédictions répandues au nom de l'église sur les pèlerins, tout cela ajoutait encore aux premières émotions. De là-haut, la mer qui s'étend à nos pieds paraît déjà si belle et si grande ! Avant de lui confier nos vies, nous remettons nos âmes entre les mains d'une Mère, puis nous irons sans crainte.

A trois heures donc, nous étions au port de la Joliette avec un incomparable embarras de bagages. Pour un voyage en Orient, on s'imagine qu'il faut tout un mobilier, et bon nombre de passagers s'encombrent de malles, de chaises, de couvertures, de colis de toutes sortes. On passe comme on peut au milieu de cette nuée de portefaix et de curieux qui couvrent le port. Le *Tigre* nous attend, nous y prenons place et constatons qu'il est d'assez grandes dimensions pour que nous nous y trouvions à l'aise : vaste pont, cabines confortables au moins pour les premières et les secondes et bien passables aux troisièmes, malgré les six ou huit couchettes qui s'étagent dans l'étroit réduit.

Une fois installés, nous reconnaissons nos compagnons de route. D'abord notre aimable directeur, quelque peu soucieux, peut-être trop défiant de lui-même ; il porte seul toute la sollicitude de son petit groupe composé d'une quarantaine de prêtres, un peu de toutes les carrières ecclésiastiques, quelques laïcs seulement, d'excellent esprit et de commerce facile, puis ce sont des passagers nombreux ; avec nous des touristes, des commerçants, des fonctionnaires ; à l'avant, sur le pont, se trouve le quartier populaire, de deux à trois cents personnes entassées les unes sur les autres, logées contre les bastingages, sur les machines, partout où il y a un peu d'espace, étendues sur les guenilles qui leur servent de couchettes. Voilà notre entourage.

Deux heures et plus se passent encore en chargement ou en débarquement de marchandises, puis, vers 5 h. 1/2, la clochette se fait entendre : c'est le départ. Les simples visiteurs du bord s'éloignent en toute hâte, la barrière se ferme, la sirène gémit, les amarres se lâchent et lentement, solennellement, avec toutes sortes de précautions, le vaisseau s'achemine hors du bassin où il mouillait ; le remorqueur gagne le large, nous avançons aussi. Encore un instant, et le *Tigre* marche de lui-même majestueusement. L'image de Notre-Dame de la Garde apparaît sur son haut sommet, éclairée des derniers rayons de soleil. Groupés sur le pont, les pèlerins la saluent du regard, et d'une voix contenue par l'émotion, ils chantent le cantique d'adieu : *Ave, Maris Stella*. Le silence succède aux notes de l'hymne sacré ; c'est le recueillement d'un temple, puis le soleil descend derrière les monts, la nuit vient, les étoiles s'allument au firmament. C'est l'heure de la prière. On s'assemble à l'arrière ; de là le regard se repose tantôt sur la mer où

le vaisseau laisse tracé son large sillon; tantôt sur le ciel étoilé ; la lune verse sa douce clarté ; pas d'autre bruit que celui des ondes brisées par la rapide hélice. Dans ce solennel silence une voix s'élève avec une sorte de mystère pour aller se perdre dans l'immensité ; on dirait que le Ciel est tout entier à recueillir l'humble soupir qui s'exhale du cœur d'un pauvre mortel perdu dans la vaste étendue de la mer. Comme on sent bien là en quelle dépendance on est de Dieu ! c'est sa main qui nous tient sur les flots, c'est sa Providence qui nous guide ; son regard veille sur nous et il y a au fond de l'âme un besoin de lui dire : « Notre Père qui êtes aux cieux ». Un chœur de quarante voix fait monter là-haut cette filiale prière : « Notre Père », et on ne la récite pas sans fixer aussi l'étoile qui règle notre marche : « Ave Maria ».

Après cet élan de notre cœur, nous cherchons un peu de repos ; mais où? Hélas! le soleil brûlant a réchauffé le navire jusque dans ses profondeurs ; la machine achève son œuvre, et nos cabines sont des étuves; le meilleur parti était de demeurer sur le pont. Là, on est doucement bercé et l'on s'endort au léger souffle de la brise ; si l'on s'éveille, la voûte céleste se déroule à nos regards dans toute sa splendeur; mais, il faut bien le dire, les allants, les venants, les ronfleurs, les importuns permettent à peine de sommeiller, et, quand les yeux commencent à se fermer un peu sérieusement, des voix discrètes, des pas légers se font entendre; les hommes de l'équipage sont là, tenant à la main, qui des tuyaux vomissant des flots d'eau salée, qui le vulgaire balai : on fait la toilette du pont. La nôtre est plus sommaire, mais il faut déféler, et j'en vois qui ne le font qu'à regret, en se frottant les yeux et avisant quelque point inaccessible au déluge. Il est cinq heures; déjà, je vois tel confrère tenant à la main son chapelet ou recueilli pour sa méditation comme dans la solitude de son presbytère, il se prépare à la Sainte Messe: c'est bien là une des consolations du Prêtre en mer de pouvoir offrir le Saint Sacrifice. Le commandant, plein de bienveillance, et toujours très courtois à l'égard de tous, permet d'élever un autel ; par ses ordres, une tente se dresse au pied du grand mât, c'est là que les Prêtres viennent tour à tour servir à l'autel et célébrer les Saints Mystères. C'est à peine si par intervalle une brise fait vaciller le vaisseau, ou détourne la toile qui nous abrite; notre oratoire est tranquille ; presque pas de bruit du dehors, le recueillement le plus profond règne dans cette cathédrale improvisée où quarante prêtres vont prier de toute leur âme pour leur patrie, leurs familles, leurs amis, pour tous ceux enfin qu'un cœur sacerdotal embrasse dans sa charité.

Après le temps donné à la vie sérieuse vient le temps du délassement: on interroge l'horizon. Il est 11 h. 1/2, une terre apparaît; ses formes, indécises d'abord, se dessinent peu à peu, la Sardaigne se détache de la Corse, celle-ci avec de blanches habitations au sommet des rochers, celle-là avec ses montagnes dentelées et son phare qui blanchit sur la rive. Resserrés entre les deux côtes nous voyons d'assez près Bonifacio sur une hauteur qui domine la mer, le phare, et, à l'extrémité de l'île, le monument élevé à la mémoire des malheureux soldats de la *Sémillante*, échouée là, en 1851. Nous disons un *Requiescat in pace* pour les pauvres naufragés et continuons notre route.

Le matin, lundi, plus rien à l'horizon; les exercices de piété viennent rompre la monotonie de la vie à bord; notre directeur trouve aussi le moyen d'occuper le temps: chaque jour, après le chapelet, à deux heures, une conférence vient à propos donner à l'âme quelque aliment. Aujourd'hui, c'est la question du Protectorat français traitée dans ses détails avec beaucoup de compétence et une remarquable distinction; un autre jour, ce sera une gaie causerie assaisonnée d'un bon sel gaulois qui la fait mieux goûter ; ensuite, des conseils sur le séjour en Terre-Sainte, etc., etc. Pendant que nous écoutions de toutes nos oreilles, les yeux n'étaient pas inactifs, le défilé des îles Lipari allait commencer. De loin, nous apercevons le Stromboli fumant; il était nuit quand nous arrivions à sa hauteur ; il nous salua en lançant quelques gerbes de feu; *Salina*, *Panaria*, *Volcano*, passent sous nos yeux, les ténèbres s'épaississent, et au moment où nous approchons de la Sicile, c'est à peine si nous apercevons les contours de la masse qui se dresse devant nous. Cependant une lumière intermittente tantôt d'un rouge éclatant, tantôt d'une blancheur éblouissante nous annonce Messine. nous sommes entre Charybde et Scylla. Les monstres marins ne nous sont pas redoutables; nous passons Charybde sans encombre, nous laissons à gauche Scylla avec la petite ville qui porte son nom étagée sur la montagne et nous sommes à Messine. D'incommensurables lignes de lumière courent sur la rive se réflétant dans les ondes, et au dessus les montagnes couvertes d'ombre forment le fond du tableau; à son tour apparaît Reggio moins riche, moins éclairé. On ne se lasse pas de cette merveilleuse vision; la nuit se passe à passer de bâbord à tribord et de tribord à bâbord, et quand on pense au repos, il est presque l'heure du lever. Pourtant il faudra s'exécuter; les matelots ne connaissent que la consigne. Si, au moins, le regard pouvait se reposer sur quelque oasis, mais, au mardi matin, rien que l'eau: nous sommes dans la mer Ionienne. Il faut dire que cette mer est d'une douceur incomparable; quand le globe immense du soleil sort au loin de la surface des eaux, jetant de toutes parts ses rayons de feu, les ondes elles-mêmes s'illuminent; divisées par le vaisseau en myriades de gouttelettes qui reflètent et décomposent la lumière, elles étincellent comme des montagnes ou des ruisseaux de diamants. Elle a été longue, cette journée du mardi. « On s'ennuie, disait un de nos bons compagnons de voyage, on ne voit rien ». C'est le mercredi seulement que nous allions voir quelque chose. Vers midi en effet, on découvre les côtes du Péloponnèse, nous doublons le cap Matapan que nous distinguons à peine. Puis, voici *Cérigo*, la demeure de la déesse Vénus ; ses montagnes dénudées ne me paraissent pas en faire un séjour bien enchanteur; un peu plus loin *Cérigotto* ; à droite, un rocher qui se dresse comme une tortue, au pied battu et rongé par les flots, c'est la pointe *Grabusa*; au-delà se creuse la baie *Kissamo* que ferme à l'Orient le cap Spada. A peine avons-nous longé celui-ci qu'une nouvelle baie s'ouvre largement à notre droite; au fond et sur toute la côte orientale, des maisons blanchissent nombreuses sur la verdure et s'étagent sur la montagne. Sur la pente, une lueur sinistre et une abondante fumée semble nous donner le nom de l'île et de la ville; c'est l'île de Crète et la ville de la Canée; encore un cap, le cap Malek et nous serons à l'étroite et gracieuse baie de la Sude. Des pavillons de diverses nations hissés sur une forteresse démantelée, des forts sur les hauteurs nous rappellent les événements qui se sont accomplis là, ces années dernières; nous approchons du port qui est celui par lequel on arrive à la Canée.

La mer est agitée, les vagues se précipitent et se panachent de blanche écume, néanmoins des barques se hasardent sur les flots et avancent du port jusqu'à nous, tantôt disparaissant entre deux flots qui se suivent, tantôt s'inclinant jusqu'au bord vers l'abîme. D'autres embarcations bravent plus hardiment la tempête; d'abord un canot anglais qui se précipite vers nous à toute vapeur et en un clin d'œil, reçoit les dépêches de la mère-patrie; ensuite, la poste française : salut à nos marins! Parmi nos passagers, nous comptons six ou sept jeunes gens qui s'en viennent ici relever ceux de nos soldats dont le temps de service va expirer; en nous quittant, leur cœur est gros; ils étaient si heureux d'avoir des amis pour leur traversée! qu'à leur main serre la nôtre, leurs yeux se mouillent de grosses larmes comme s'ils disaient un second adieu à la France. Quant à nous, nous ne songeons pas à toucher le sol crétois; pres-

qu'aussitôt notre vaisseau vire de bord et nous marchons à toute vapeur vers l'Archipel.

Il était nuit, la mer se montrait mauvaise, des gémissements, des cris déchirants se font entendre, il y a de l'agitation, de l'émoi; sur le pont, plus d'un passager court au bastingage.... Éveillé par le bruit, je me sens bercé plus fort, et je constate que le ciel, d'une limpidité parfaite, est magnifiquement constellé et que la lune brille de toute sa clarté. Soulevant la tête de mon oreiller improvisé, j'aperçus un coin de terre, c'était sans doute quelque île des Cyclades. Exténué de sommeil, je ne cherchai pas à m'en rendre compte, et, le lendemain, je me réveillai près d'Hydra. Thermia était à notre droite et, bien loin devant nous, à gauche, Égine. Un rayon de soleil vint tout à coup illuminer ce tableau et tous les passagers de s'extasier. Toutefois, la nouveauté du spectacle ne fait pas perdre de vue la piété. La tente se dresse sur le pont; on célèbre les saints mystères et pendant que nous demeurons près de l'autel, dans la prière, le Tigre avance toujours; vers neuf heures, nous étions en face d'Égine. Rien de beau comme cette mer d'un bleu d'indigo, légèrement ridée, s'étendait comme un vaste tapis de moire; d'énormes dauphins se pourchassent, bondissent sur cette surface immobile et semblent prendre plaisir à nous donner le spectacle de leurs gracieuses évolutions. Mais voici que, laissant Égine à gauche, nous longeons à droite, le cap Sunium, nous sommes dans le golfe d'Athènes et bientôt au port du Pirée.

DEUXIÈME LETTRE

Au Pirée. — Athènes: le Pnyx, l'Aréopage, l'Acropole. — L'Odéon et le théâtre de Bacchus, l'Olympaion, le Stade. — Haro sur le baudet. — Athènes moderne. — Le Chapelet du Musulman. — Adieux à Athènes. — La mer en furie.

Constantinople, le 27 août 1899

Le Pirée, l'Attique, Athènes ! Tous les souvenirs classiques se réveillent, une émotion indicible nous gagne ; tant de fois on nous a parlé de la Grèce, de ses sages, de ses héros ! Tant de fois la lecture de ses poètes nous a émerveillés ! si souvent les noms de ses villes ont passé sur nos lèvres ! L'enthousiasme est général ; on montre du doigt, à droite, l'Hymette; devant nous, formant comme le fond du tableau, une masse plus imposante, le Pentélique; en avant, le Lycabète couronné d'un couvent grec comme d'une forteresse, puis à gauche, le Parnès auquel se rattachentle Corydalle et l'Égilos descendant en pente douce vers la mer ; au centre se dresse un sommet plus modeste couronné de ruines, c'est l'Acropole ; à ses pieds, Athènes. Ici, au pied de ce monticule, au milieu d'un bois d'oliviers, la voie sacrée d'Eleusis que suivait le peuple en se rendant aux Panathénées, etc., etc. On ne quitte pas des yeux cette terre d'où l'on croit toujours voir surgir quelque merveille ; éclairée d'une lumière pure et limpide, elle répond si bien à tout ce qu'on a appris d'elle !

Mais notre vaisseau est au port, les formalités du débarquement remplies ; des amis de France nous viennent au devant, il est dix heures environ; nos barques glissent doucement vers le rivage et nous foulons le sol de la Grèce; nous sommes au Pirée, ville de cinquante mille habitants admirablement construite sur le bord de la mer.

Encore quelques secondes, et nous arrivons à un édifice qui ne rentre pas du tout dans le cadre poétique que nous avons contemplé : la gare. Un chemin de fer pour aller à Athènes ! Nous aimerions à voir les champs de Marathon, à soulever la poussière Athénienne, à regarder à loisir cette campagne témoin de tant d'exploits fameux, mais le programme le veut autrement et aussi la nécessité de gagner du temps. Nous marchons bon train sans nous douter que nous franchissons le Céphise, qui n'est aujourd'hui qu'un humble fossé sans eau. Voici l'Athèn avec ses bosquets nombreux, ses hôtels élégants, ses jardins fleuris, vraie oasis, le rendez-vous d'été de l'aristocratie athénienne, et aussi des élégants, des artistes et des viveurs : c'est, nous dit sans sourciller, notre guide, « le lieu d'aisances » d'Athènes. Plus loin, à droite, des montagnes arides; à gauche, des champs partagés en larges rectangles que limitent des chaussées étroiles, des chemins sablonneux avec quelques haies d'aloès et çà et là quelques mûriers ou de rares figuiers qui ne suffisent pas à couvrir la nudité du sol jaunâtre et aride.

Théséon notre dernière station doit son nom au monument qui l'avoisine ; contemporain de Cimon (470 avant J. C.), le temple de Thésée semble encore entier avec sa forêt de blanches colonnes admirablement conservées. Nous suivons notre guide dans la direction de l'Acropole dont la grise silhouette se détache devant nous sur l'azur du ciel. Ruisselants de sueur, nous gravissons les chemins rapides et poudreux ; nous longeons la colline des *Nymphes* et, en passant, nous voyons le *Pnyx* où Démosthène fit entendre les immortels accents de son éloquence ; un peu plus haut, creusées dans la même colline s'ouvrent les grottes de la prison de Socrate. Rien là de bien attrayant ; nous y recueillons pourtant le « Connais-toi toi-même », qui peut devenir une maxime chrétienne, et nous allons chercher d'autres souvenirs.

A travers un champ pierreux dans lequel nous enfonçons jusqu'à la cheville, nous arrivons au pied d'un rocher triangulaire grossièrement taillé d'un côté en forme d'escalier ; escalader ce sommet est l'affaire d'un instant, nous nous trouvons alors sur une plate-forme d'une vingtaine de mètres carrés au pied de laquelle s'ouvre un abîme profond ; c'est l'Aréopage. Dans le pourtour, se trouvaient les sièges des magistrats ; c'est là qu'ils rendaient la justice, de nuit, pour n'être ni troublés par ce qui passait sous leurs yeux, ni influencés par la physionomie des accusés. C'est là qu'un jour parut St Paul. On relit le chapitre XVII des Actes qui nous montre le grand apôtre s'adressant, de cette magnifique tribune, aux sages et au peuple d'Athènes, pour annoncer la vraie sagesse et le vrai Dieu. De cette hauteur on domine la ville tout entière ; la rue d'Éole et la rue d'Hermès, se coupant à angle droit au centre de la cité et la partageant en quatre quartiers, apparaissent dans toute leur longueur ; sur la droite, les monuments modernes, l'Université, la Chambre des députés, les écoles, etc., et tout un immense panorama.

Nous n'avions que peu de temps à passer à Athènes et il fallut trop tôt quitter l'Aréopage. Un chemin tracé au milieu de buissons d'aloès nous conduit au pied de l'Acropole ; franchissant la porte modeste qui garde les antiques sanctuaires, nous gravissons un vaste escalier dont les larges marches, brisées, inégales, portent l'empreinte des siècles et des révolutions humaines. Au sommet, c'est une forêt de colonnes, un encombrement de chapiteaux renversés, de marbres entassés, de statues mutilées, etc. Toutefois, à gauche, une petite miniature de temple attire nos regards ; notre guide nomme le temple de la Victoire *Aptère*, c'est-à-dire sans ailes et il nous raconte que Cimon, fils de Miltiade le fit élever à la déesse inconstante à laquelle on coupa les ailes pour qu'elle se fixât à Athènes. Ce gracieux monument étonne par sa délicatesse, sa grâce, et semble faire contraste avec les constructions de géants qu'on aperçoit dans le voisinage. Autour du temple courait jadis une frise d'un travail merveilleux ; un anglais, lord Elgin, en débarrassa deux côtés ; ce qui reste suffit à exciter l'admiration, mais retirons-nous et pas de distraction ; à nos pieds se creuse un précipice à nous faire prendre le vertige, cependant le point de vue est si beau !

Ventre affamé n'a pas d'oreilles !... En présence de cette merveille d'architecture, plusieurs de nos compagnons se désaltérèrent à un puits voisin, où un vétéran distribue gracieusement l'eau de sa cruche, moyennant *bakchih*, bien entendu. La tentation était trop forte pour n'y pas succomber. Je me rapprochais des Propylées (avant-portes). Ce vestibule de l'Acropole qui ne coûta pas moins de onze millions, n'est plus qu'une ruine, mais une ruine imposante. L'explosion d'une poudrière turque a renversé la plupart des colonnes ; les murs sont restés fermes ; les blocs énormes semblent superposés d'hier et ce qui reste de la colonne après l'orage qui l'a ébranlée, se tient debout avec une sérénité et une majesté qui semblent défier le temps et toutes les forces humaines.

J'escalade les trois hautes marches d'escalier et me voici sur le plateau supérieur, où s'élève le Parthénon (temple de la

Vierge). Les tombes du génois Morosini ont éventré l'édifice et lord Elgin a achevé de le démanteler ; cependant, le colosse est encore debout, avec le plus grand nombre de ses colonnes largement assises ; nous pouvons à peine y pénétrer à cause des étais ou des échafaudages nécessités par la restauration, mais quand on le regarde de certains côtés, on croit le voir encore dans son entier ; alors, « il étonne par sa grandeur et par son harmonie ; il est à la fois solenne et charmant ; son accueil est souriant ; aucun homme si humble qu'il soit ne peut résister à l'impression d'apaisement et de clarté qu'on éprouve en présence du Parthénon », c'est beau, c'est grandiose, c'est admirable, jusque dans les petits détails, et on a dit avec raison que c'est la plus belle demeure que les hommes aient construite à la divinité. Un de nos libres penseurs modernes saisi par la grandeur de ce spectacle tomba à genoux, dit-on ; cela ne m'étonne pas ; il y a là quelque chose qui impose le respect jusqu'à l'adoration et on dirait que « l'architecte a eu en vue le Dieu unique, invisible, symbolisé par la Vierge issue du cerveau de Jupiter. »

Plus loin, vers l'est, s'étend une vaste place où s'élevaient les statues des divinités d'Athènes ; au midi les murs de Cimon, au nord, les murailles pélasgiques ou de Thémistocle ; de ce côté, vers l'est de l'Acropole se trouve une sorte d'observatoire où, dit-on, l'épouse d'Hérode Atticus, Régilla, se plaisait à passer ses heures de loisir ; il est difficile, en effet, de trouver un panorama plus étendu et plus ravissant. Devant nous, à nos pieds, la ville de Minerve ; au loin, l'immense mer, les côtes du Péloponnèse ; à gauche, les flancs labourés de l'Hymette ; à droite, le Lycabète, le Corydalle, aux pentes douces, aux formes arrondies ; derrière nous, le Pentélique avec sa croupe puissante, ses carrières de marbre qui blanchissent au soleil ; plus loin le Parnès, desséché, jauni par le soleil, et tout cela baigné dans une lumière si pure, si limpide qu'on ne perd rien des lignes les plus douces de cet immense tableau. On ne se fatigue pas de ce spectacle et on voudrait prolonger le plaisir de le contempler ; j'avais, depuis une heure, quitté l'Acropole, que je voyais encore un

de nos artistes en extase à la tribune de Régilla.

Nous avançons vers l'Ouest ; là encore des ruines ; on nous fait remarquer des peintures à fresques, des images du Christ et des Saints qui attestent la victoire du christianisme à une certaine époque. Nous arrivons à l'Erechteion ou temple d'Erechté, roi d'Athènes ; il comprenait les temples de Minerve Poliade ou protectrice de la cité et de Pandrose, la fille du héros Athénien ; c'était une merveille d'architecture ionique. Les empereurs en avaient fait une église chrétienne ; les Turcs en firent un harem. Dans le temple de Minerve on admire encore les sveltes colonnes et, à la façade de l'édifice, le groupe des Cariatides qui supportent l'entablement. Ces statues de jeunes filles portant sur leurs têtes des corbeilles chargées d'offrandes destinées à Cérès, sont admirables ; leur attitude est remarquable de noblesse, d'aisance et de simplicité. Ces cariatides passaient pour des êtres surnaturels, aussi lorsque les Anglais eurent enlevé une de ces statues, il y eut une indignation générale. Chargés d'achever la besogne, les Turcs eurent peur et attendirent la nuit ; mais au moment où ils approchaient du temple, un gémissement prolongé du vent se fit entendre ; ces Vandales crurent que c'était la voix des Cariatides et s'enfuirent épouvantés, sans qu'on pût les décider à achever l'œuvre de destruction. La cariatide enlevée par lord Elgin a été remplacée par un moulage, et c'est au British Museum qu'il faut aller voir l'original.

En considérant ces restes de l'antique grandeur d'Athènes, nous nous reportons à l'époque de Périclès, cinq siècles avant Jésus-Christ ; nous pensons aux vicissitudes des choses humaines, cela en suivant le groupe qui chemine à travers les blocs de marbre et se dirige vers le grand escalier. Nous contournons la colline vers la gauche où d'autres monuments méritent une visite. Là, à la partie méridionale de l'Acropole, il y a des débris de murailles, des colonnes tronquées ; deux édifices s'y trouvaient unis par un immense portique dont on voit encore les nombreuses arcades, le portique d'Eumène. Cette façade déchirée par de larges brèches, c'est l'Odéon d'Hérode Atticus, destiné aux exercices musicaux ; à l'autre extrémité du portique, où des gradins de marbre étaient disposés en un immense hémicycle, se trouve le théâtre de Bacchus où pouvaient prendre place plus de trente mille spectateurs, là furent représentés les chefs-d'œuvre d'Eschyle, Sophocle, Euripide, Aristophane, etc., etc.

Nos jeunes professeurs se délectent du spectacle de ces débris qui rappellent le passé littéraire de la Grèce ; pour nous, laissant à droite l'*Agora* et la fontaine de *Carrilhoé* où on puisait l'eau lustrale, nous suivons à pas lents une belle route ombragée de verts tamaris, heureux de trouver un peu d'air et de fraîcheur. Devant nous apparaissent l'arc d'Adrien et les colonnes de l'*Olympeion*, au-delà, blanchissent les gradins du stade. L'arc d'Adrien, sous lequel nous passons bientôt frappe par sa hauteur ; ce n'est guère qu'une grande porte cochère d'un goût douteux, mais qui fait bien dans le tableau ; à travers ses baies larges ouvertes, on voit l'Acropole se dessinant admirablement sur le fond du ciel bleu. Une vaste place plantée d'arbres, ornée de jardins au milieu desquels courent des allées larges et proprettes sert d'avenue au temple de Jupiter Olympien ; un garde, en foustanelle blanche, nous laisse libre passage. Quinze colonnes de marbre rougeâtre, de 17 mètres de hauteur et un pied et demi de diamètre donnent une idée de l'édifice où se dressaient plus de deux cents colonnes et où tout était d'une incomparable magnificence ; c'était le plus grand temple du monde. Adrien qui en acheva la construction eut la gloire bien vaine d'y voir sa statue à côté de la statue d'or de Jupiter.

Hélas ! nous sommes plongés dans le paganisme et, il faut le dire, il y a peu, à Athènes, pour reposer l'âme chrétienne ; le schisme grec règne ici en maître et tend de plus en plus à devenir une religion nationale dont le ministre des cultes définit les dogmes et fixe la discipline ; une petite église à S. Denis est le seul vestige de la foi catholique implantée là par l'Apôtre des gentils ; nous aimerions à y invoquer le souvenir de S. Paul et l'apôtre de Paris, mais le temps et les forces nous manquent.

La course commençait à se prolonger, et, quoique les rayons du soleil fussent moins ardents, il nous tardait de trouver un peu de repos ; nous avisons un établissement qui s'intitule pompeusement *Café de Strasbourg* ; mais c'est en vain que nous heurtons aux portes soigneusement cadenassées, impossible d'avoir un rafraîchissement ; nous n'avons pas même la consolation de puiser à l'*Illissus* que nous allons franchir ; il coule en ce moment, à peu près comme, à Lons-le-Saunier, la prosaïque *Vallière*, pendant la saison d'été, et on ne se douterait guère qu'il prend sa source au Mont Hymette au miel si suave.

Le stade fraîchement restauré s'étend devant nous ; il demande un coup d'œil : la vaste arène avec les gradins de marbre qui courent tout autour en forme d'hémicycle offre vraiment un aspect peu commun ; c'est là que se célébrèrent, en 1807, les jeux olympiques, en même temps que le cinquantenaire de la fondation de l'École française d'Athènes.

Du stade, un large boulevard bordé de bosquets et de grands arbres nous conduit au Palais-Royal. A mesure que nous approchons du centre de la ville, la rue s'anime davantage ; les citadins courent à leurs affaires, un peu étonnés de voir ces étrangers au noir costume et tout prêts à leur demander quelles nouvelles ils apportent ; les gens de la campagne, curieux, eux aussi, mais plus soucieux de trouver quelque débouché à leurs marchandises, légumes, raisins, figues, etc. Un de ces paysans semble nous attendre auprès d'un baudet chargé de raisins ; vous pouvez penser si nous profitâmes de la rencontre pour humecter notre bouche desséchée par la chaleur torride et la brûlante poussière ; le pauvre baudet se vit entouré d'une façon presque menaçante, et l'ânier un moment effrayé d'entendre ces acheteurs, au langage desquels il ne comprenait rien. Finalement tout se passa bien, le baudet se trouva déchargé et les voyageurs se rafraîchirent en picorant les appétissantes grappes aux grains dorés.

Arrivés à la place de la Constitution, nous nous dispersons ; mes compagnons prennent la direction du Musée, s'en vont du côté du Lycabète visiter les monuments modernes ; je trouve plus pratique de me reposer à l'ombre des tamaris et de donner de mes nouvelles à mes amis de France.

La Poste grecque où je me rends est magnifiquement installée ; on y trouve tout ce qui est nécessaire pour la correspondance, pour l'utilité et même la distraction du voyageur. Après une station de quelques minutes, il me reste le temps de parcourir quelques-unes de ces rues que nous avons vues de l'Acropole s'enchevêtrer les unes dans les autres. Malgré les enseignes grecques, tout y paraît européen : magasins de nouveauté avec étalage artistique, épiceries, pharmacies, librairies, modes, c'est absolument comme dans nos villes de France, et si, autour de soi, on entendait parler sa langue, on se croirait dans s.n pays. Pas de costume national, sinon comme souvenir historique ; hommes et femmes ont nos vêtements et même nos coiffures, sauf peut-être le *tarbouch* (bonnet rouge à gland noir ou bleu). Quant à l'ancienne *foustanelle*, nous la rencontrons seulement chez un gardien de l'entrée du parc de l'*Olympeion* et chez un garde du corps du Roi, nous dit-on. Cette jupe blanche, empesée, serrée à la ceinture, tombant à la hauteur du genou me rappelle celle de nos anciennes cantinières ; mais elle est plus ample et ses plis disposés plus artistement encore. Des guêtres brodées qui enserrent étroitement la jambe ; un dolman court, richement brodé, un *fez* dont le gland retombe sur la nuque ; des souliers légers, terminés par une pointe, à l'extrémité de laquelle se balance un gland de soie, voilà, avec la foustanelle, le gracieux costume des anciens athéniens ; c'est loin d'être banal.

Tout en cheminant à travers la rue, en prêtant l'oreille aux cris des pâtissiers, des marchands de journaux et autres qui circulent dans la ville, nous nous dirigeons vers la gare de *Monasterion*. Là, comme dans toutes les gares du monde, on rencontre des gens de toutes les conditions sociales; les Prêtres grecs en toque haute, les négociants, les touristes, les curieux et aussi les flâneurs, car il y en a partout. Enfin, la caravane se compléta peu à peu et vint l'heure du départ. Chacun s'approche de la voie et se tient prêt à l'assaut. Le train stoppe un instant, et après un mo-

ment de tumulte, un coup de sifflet se fait entendre. Adieu la radieuse vision de l'Acropole, adieu le Parthénon et cette enchanteresse apparition des siècles passés, adieu Athènes ! Nous nous trouvons entassés avec le vulgaire *populo*, fort convenable d'ailleurs. A côté de moi pourtant, certain bourgeois en *tarbouch*, ne paraît pas enchanté de mon voisinage ; il détourne la tête, s'agite et roule convulsivement dans ses doigts les grains de son chapelet. Je dis bien de son chapelet, car les Arabes ont aussi cette dévotion ; ils ont une couronne de perles très serrées qu'ils égrènent entre leurs doigts. Leur prière est : « *Ich hu dou la ilah Allah oua Mahommed Rasaoul Allah* », c'est-à-dire je confesse qu'il n'y a qu'un Dieu et que Mahomet est le Prophète de Dieu (1). Mais mon voisin passe avec un mouvement si rapide qu'il ne lui est pas possible de réciter intégralement son acte de foi à chaque grain. (C'est ce que j'ai constaté d'ailleurs dans toutes les occasions.) Vraisemblablement je lui étais une cause de distraction, aussi, parut-il heureux de descendre à Phalère, avec la multitude des amateurs de bains et de plaisirs qui venaient passer là au moins une partie de la nuit. Nous continuons vers le Pirée où nous rencontrons le Curé de la ville, homme charmant, prêtre distingué, revêtu des insignes de la prélature ; ses bénédictions données avec une amabilité charmante nous porteront bonheur.

L'inflexible discipline des marins nous rappelle à bord ; vers sept heures, nous partons, les regards fixés sur le Pirée en feu et sur les rives de l'Attique qui blanchissent à la douce clarté de la lune, puis disparaissent de notre horizon. Au soir de cette journée de fatigue, je m'endormis sans peine, rêvant pourtant, non de cette antiquité qui nous apparaît mystérieuse

---

(1) Ce sont les mahométans qui ment de cette sorte de chapelet et c'est très commun de les voir ainsi prier en public ; quant aux mahométanes, si elles prient, c'est en secret ; en Orient une femme compte pour si peu aux yeux des hommes et même à ses propres yeux qu'elle ne suppose pas qu'un Dieu puisse prêter l'oreille à sa prière. Tout homme a une âme, mais il n'y en a qu'une pour la collectivité des femmes ; je ne me charge pas d'expliquer cette théologie.

dans un lointain plus grand que les rivages dont nous nous éloignons, non d'Athènes et de S. Paul à l'Aréopage, ni même de Phidias ou de Praxitèle pas plus que de Pisistrate et de Périclès, mais de Salamine que nous avions près de nous, de Thémistocle, de Xerxès, des galères qui s'entrechoquent, des gens qui bataillent, du cliquetis des armes et des clameurs des combattants. Là-dessus je m'éveillai. La réalité, c'est que le vaisseau se balançait plus que de coutume sur les vagues ; la mer était houleuse : j'entendais dans les cabines des coups de clochettes ininterrompus, des cris de détresse, des appels désespérés et il y avait parmi les gens « moult grandes lamentations et profonds gémissements pour ce que tant dolents estoient les povres cuers (cœurs). »

Enfin, le jour se lève radieux éclairant des flots toujours agités et des visages que couvre la pâleur de la mort. Nous sommes entre Psara et Chio, l'île où se réfugia Homère fuyant son ingrate patrie. Çà et là, sur la côte, dans les replis de terrain, apparaissent de larges bandes de verdure, gracieusement ponctuées de blanches maisons, ou de gracieux villages qui se dessinent à peine dans l'ombre des vallées. Jadis, c'était un délicieux séjour, une sorte de Paradis terrestre, mais les Turcs en s'emparant de l'île (1822), l'ont arrosé de sang et l'ont rendue déserte et désolée.

À mesure que nous avançons, la mer semble s'animer, les barques de pêcheurs se multiplient, les gracieuses mouettes suivent le navire et des multitudes de petits oiseaux, s'en vont voletant autour de nous, rasant la surface de l'eau, quelquefois se reposant, les ailes étendues sur la vague qui se soulève et jusque sur les mâts et les cordages. Du côté de la rive se développe toute une ligne de blancs monuments disposés dans un certain ordre : ce sont des maisons, disent les uns, des voiliers disent les autres, peut-être un campement. À force de braquer les lunettes, on finit par découvrir des monceaux de sel recueilli dans les marais salants. Encore une heure et voici devant nous Smyrne qui se déploie sur un fond de verdure aux flancs du Pagus, du Mimas et du Sipyle ; au ciel, le port et les vastes quais où nous allons accoster. Là nous voyons stationner de nombreux bâtiments; un vapeur, échoué depuis deux ans, étend ses deux mâts comme deux grands bras pour implorer la justice turque, mais elle est sans pitié, et, de longtemps, elle ne décidera à qui appartiennent les épaves. Tandis que, pressés sur le pont, nous nous demandons si nous aborderons le quai ou s'il nous faudra affronter les périls d'une mer un peu démontée, voilà qu'une nuée d'embarcations se précipitent vers le bateau et l'assiégent de toutes parts. Des individus de toutes couleurs manœuvrent les rames, tentent l'escalade et à bâbord et à tribord; c'est à qui saisira l'échelle et y amarrera sa barque.

Le premier cède au second qui l'éloigne d'un coup de rame, celui-ci à un troisième qui l'évince d'un coup de poing, et tout cela avec des gestes et des cris sauvages. Enfin, la brèche est faite; nos envahisseurs se hissent le long des cordages, s'accrochent aux aspérités du bâtiment et se répandent sur le pont en poussant d'effroyables clameurs, comme une bande de vrais forbans. Les uns proposent des marchandises : tabac, raisins, figues, pastèques, etc, les autres veulent vous débarquer malgré vous, tous en veulent à votre bourse. Pendant cette scène de sauvagerie, les formalités du débarquement se remplissent: le Tigre n'entrera pas au port. Nouvelle scène quand il s'agit de descendre dans la barque, on s'arrache les passagers. Heureusement, le consul, prévenu de notre arrivée, a envoyé ses cavas chamarrés d'or. La cravache à la main, ils commandent en maîtres et nous parvenons à nous blottir en un petit coin. Un vigoureux rameur nous entraîne vers la rive; là, encore un assaut: la douane pour les marchandises, la police pour les passeports. Le cavas nous délivre de nouveau; nous franchissons la barrière pour nous jeter sur le quai et de là bondir sur une calèche dont le cocher nous crie à tue tête: « Mon Père ! ici, moi catholique! moi catholique! moi catholique! » Il n'avait pas du reste l'air d'un mauvais homme; nous lui faisons signe de fouetter et nous voilà à rouler sur le quai, puis bientôt dans la ville sur la pente rapide, du côté de la rue Franque.

L'attelage sue, souffle, nous avançons

quand même à travers les bazars où s'étalent toutes sortes de marchandises et au milieu d'une cohue de gens et de voitures ; en même temps, nous remarquons avec satisfaction, dans quelques maisons, certaine physionomie française ; la plupart des inscriptions sont écrites dans notre langue et il fait si bon retrouver à l'étranger quelque chose de la patrie ! Nous voici à S. Polycarpe. A l'entrée d'une sorte d'*atrium*, une bonne figure de franciscain nous sourit, ce sera notre guide, pour visiter l'église. C'est éblouissant de décorations, de peintures aux tons chauds d'un goût tout italien. Selon l'usage d'Italie, les statues et les tableaux sont voilés; le bon Père allume un cierge de chaque côté du maître-autel et découvre la statue du titulaire de l'église. C'était le moment de nous remettre en mémoire la vie et le martyre du grand Évêque de Smyrne, disciple de S. Jean et maître de S. Pothin, l'apôtre de Lyon. Nos saints Ferréol et Ferjeux ont été formés à la même école, nous voici donc à la source de cette foi chrétienne qui a poussé en Franche-Comté de si profondes racines et nous prions Dieu de la garder toujours en notre patrie.

En continuant notre route, nous arriverions au mont Pagus, où se trouve le quartier turc et le lieu du glorieux martyre de notre saint Évêque, mais on nous dit que nous n'y serions pas en sûreté, (ce que nous avons appris être exagéré) ; en conséquence, nous nous dirigeons vers la cathédrale. Tantôt la rue offre un pavé parfaitement uni, tantôt des inégalités, des cailloux roulants, ou des trous profonds; la voiture conserve son allure rapide sans s'inquiéter des heurts et des cahots ; après une prière devant le saint Sacrement, nous regagnons le quai où nous trouvons un intéressant sujet d'études. C'est là que se coudoient des gens de toutes les nations, de toutes les couleurs et de tous les métiers. C'est un peu le quartier européen; près de la mer, les cafés, les hôtels, les comptoirs; à l'arrière, la rue franque où se trouvent des écoles de toutes sortes :

école du Sacré-Cœur, de S. Vincent de Paul, de Notre-Dame de Sion, etc. Dans la rue, presque perpétuellement un petit tramway circule au milieu de l'encombrement des voitures et des piétons ; on y aperçoit des caravanes de chameaux ; européens, turcs, arméniens, grecs, juifs s'y rencontrent ; avec cela des franciscains, des sœurs de charité, des jésuites, des lazaristes, des frères des écoles chrétiennes, etc., puis toute la tourbe des marchands, marchands de légumes, de fruits, de pâtisserie, d'allumettes, les mendiants que rien ne lasse, les portefaix, etc. Près du port, c'est une activité qui sent la fièvre ; à chaque instant apparaissent des figures sinistres, des gens armés jusqu'aux dents; on se sent mal à l'aise et il tarde de retrouver un peu de calme.

On éprouve bien quelque appréhension à la vue de cette mer qui se soulève et s'agite plus que de mesure ; mais que faire? Nous nous confions à la petite nacelle et à l'expérience de nos rameurs, nous vacillons sans cesse et recevons maintes aspersions ; encore faut-il faire un long détour pour accoster plus sûrement. Enfin nous arrivons. Grâce aux bras vigoureux de nos hommes, nous pouvons atteindre l'escalier qui, tantôt, affleure la surface de l'eau, tantôt reste suspendu au-dessus d'un abime et nous retrouvons nos amis qui nous ont devancés.

Le bateau continue à débarquer ses marchandises, tonneaux, sacs, ballots; deux larges chalants les reçoivent et un remorqueur les entraînera au port. Pendant cette opération, les passagers jettent leurs derniers regards sur Smyrne ; maintenant la ville est baignée dans la lumière et forme à la mer un diadème de feu. Le vaisseau évolue lentement comme pour nous permettre de mieux contempler cette rive ; l'horloge du bord sonne onze heures; c'est l'heure du départ. A mesure que nous nous éloignons, les feux pâlissent et finissent par disparaître. On a mis le cap sur Constantinople.

TROISIÈME LETTRE

Lesbos, Lemnos, Ténédos. — Les Dardanelles. — Au Bosphore. — Péra. — Un office au rit Arménien — Au « téké » des derviches. — La France à Constantinople. — A travers Constantinople. — Le pont Kara-Keuy. — L'hippodrome. — Les Eaux douces d'Europe. — Promenade sur le Bosphore. — Adieux.

A bord du « Congo », 1er septembre 1899.

Nous venons de quitter Constantinople, un nouveau bâtiment nous emporte vers la Syrie, c'est le *Congo.* La mer est calme et je puis sans peine laisser courir ma plume; j'en profite pour écrire mon petit journal.

Comme vous l'avez appris, nous sommes partis de Smyrne le vendredi soir. Au petit jour, nous arrivions en vue de Mitylène, l'ancienne *Lesbos*, aux montagnes majestueuses et aux gracieuses rives; à notre droite s'étendait le golfe d'Adramète et, un peu plus loin, le cap *Baba* avançait sa pointe de rocher couronnée d'une ville assez importante : on nous dit qu'elle est la résidence de deux régiments, l'un d'artillerie, l'autre d'infanterie. Encore quelques heures et nous passons entre *Lemnos* la patrie des Amazones et *Ténédos.* On ne peut plus dire de cette dernière île : *insula dices opam* ; ses montagnes sont arides et nues ; quant à savoir si elle est toujours *statio malefida carinis*, nous ne voulons pas en faire l'expérience, mais je pense que le poète a exagéré; en tout cas point de ces serpents aux terribles anneaux qui se jetaient sur la mer, nous n'en voyons pas (1). Ensuite, c'est, à droite, la côte d'Asie avec les montagnes qui s'échelonnent jusqu'aux sommets de l'*Ida.* Voici *Troie*; Virgile nous revient en mémoire avec tous ses héros ; nous sommes dans ces murs que sillonnaient les navires des Grecs; c'est en ces parages que se sont passées tant de scènes dont le récit a intéressé notre jeunesse.

Les rives se rapprochent, si bien qu'il nous semble pouvoir les toucher de la main : nous entrons dans le détroit des Dardanelles. De nombreuses bouches à feu ouvertes dans le talus de la rive nous avertissent que le passage est bien gardé; impossible d'aller au-delà sans remplir les formalités exigées par l'empire ottoman; il faut donc stopper et quelques-uns de nos compagnons en profiteront pour mettre pied à terre et visiter la ville importante des Dardanelles.

Lorsque nous quittâmes le détroit, la

_____

(1) Virgile fait venir de *Ténédos* les deux serpents qui dévorèrent Laocoon et ses fils « *Ecce autem gemini a Tenedo..* ».

nuit commençait à tomber, nous entrions dans les eaux de la mer de Marmara. Je m'endormis assez vite, mais à mes rêves vinrent souvent se mêler la pensée du prochain débarquement, l'espoir d'une station de quelques jours sur le continent et la perspective des merveilles que nous allions contempler.

Le Dimanche matin, avant l'aube, j'étais debout sur le pont ; des deux côtés, la terre était proche ; les villes succédaient aux villes apparaissant dans une demie lumière et une sorte de mystère. Je me demandais d'abord si c'était un rêve ; mais peu à peu le jour se fait, les ombres s'éclaircissent, les contours se dessinent, l'aurore vient colorer le tableau que nous avons sous les yeux et le spectacle s'anime également des pas et des voix encore endormies des passagers que la toilette du pont vient d'arracher à leur repos.

Constantinople ! Constantinople ! s'écrie-t-on de toutes parts. En effet, nous touchons à Stamboul qui s'élève à notre gauche tout hérissé de ses blancs et sveltes minarets émergeant du milieu des dômes majestueux ; plus loin, à un autre plan et sur la colline, les palais de marbre blanchissent au milieu des parcs de verdure ; les maisons s'entassent les unes sur les autres : c'est, sur la rive, le quartier de Galata avec sa haute tour et, plus haut, Péra, le quartier franc. Nous avons à droite, la rive d'Asie, vaste plaine que termine tout au loin les monts d'Olympie et où se déploie l'ancienne Chrysopolis, Scutari, déjà baignée dans la lumière ; devant nous le Bosphore sillonné de barques, de caïques, de vaisseaux, serpentant entre des rives riantes, parsemées de palais et de villas. Tout à coup, le soleil jette son premier rayon : un cri d'enthousiasme accueille l'illumination soudaine ; les dômes d'or étincellent, les minarets revêtent une blancheur plus éclatante, les fenêtres deviennent des foyers embrasés, toute la ville apparaît avec les mille flèches de ses mosquées. Scutari se mire dans les ondes et la mer elle-même resplendit comme un miroir ; impossible d'imaginer une plus féérique vision ; c'est beau ! s'écrie-t-on c'est splendide ! c'est ravissant! les expressions manquent pour rendre l'admiration qu'on éprouve en présence de

cette ville, vraie Reine assise dans le plus beau des sites et sous le plus beau des soleils.

Stamboul s'avance en forme de triangle dans la mer de Marmara ; arrivé à la pointe, le Tigre vire de bord pour faire un angle droit ; nous avons maintenant devant nous la Corne d'Or, une charmante rade qui doit son nom à la beauté de sa situation ou peut-être à la richesse qu'apportent les navires de tous les pays ; en quelques minutes nous sommes au port.

A Constantinople, les mœurs sont les mêmes qu'à Smyrne, même assaut du bateau, même invasion; le tumulte n'est pas moins grand, le vacarme est plus assourdissant encore. Mais aussitôt sur le sol turc, les formalités commencent, il faut exhiber les passeports, payer le droit de fouler le sol, subir la douane et se débarrasser des portefaix obséquieux qui vous arrachent vos bagages. Nous n'avons pas à nous plaindre pourtant des tracasseries de la police. Les cavas de l'ambassade, les PP. franciscains, d'autres amis dévoués nous épargnent les ennuis d'un trop long séjour à la douane. Il faut encore essuyer un nouveau feu de la part des cochers qui nous portent, malgré nous, sur leurs voitures, mais, finalement, nous restons les maîtres et nous partons.

Le quartier de Galata que nous traversons est sur la pente de la colline, par conséquent, la rue est montueuse ; en dépit de leur maigre apparence, nos chevaux ont des jarrets d'acier et après maints détours, nous sommes à la rue Péra et à notre hôtel Khedivial-Palace dont le propriétaire s'institue maire de la Grèce.

C'est à peine si je pris le temps de reconnaître mon hôtel ; le P. Franciscain qui nous accompagnait me conduit à l'église du couvent qui se trouve à quelques pas ; là, je trouvais un vaisseau modeste, mais assez propre où quelques fidèles récitaient pieusement leurs prières ; quelques instants après, je célébrais à un autel de la Vierge, la messe du Saint Cœur de Marie c'est à ce cœur sacré que je recommandai et mon séjour à Constantinople, et mon voyage et mes amis.

Dans l'église grecque, (le calendrier grec étant toujours en retard,) on célébrait la fête de l'Assomption ; nous nous rendîmes à l'église Arménienne pour assister à la messe solennelle. Nous fûmes accueillis avec beaucoup de bienveillance, et le P. Franciscain nous obtint au sanctuaire une place d'honneur. Le Patriarche était à son trône revêtu de ses plus beaux ornements, tenant à sa main la Croix d'or ; au côté de l'épitre, l'Evêque arménien qui reçoit les vêtements liturgiques, la tunique blanche, la chape de soie bleue, la bandelette bleue qui remplace notre amict, etc. Devant l'autel une couronne de jeunes clercs également vêtus de robes et de mozettes bleues, ce sont les choristes et les enfants de chœur ; sur des bancs, au bas du sanctuaire les dignitaires de la Cathédrale vêtus de violet avec des toques auxquelles pendent de larges voiles de gaze violette.

Lorsque tout est prêt, le Pontife s'approche de l'autel ; les choristes entonnent leur chant assez monotone qui ressemble à des miaulements, et la Messe continue. Tout se passe selon le rite grec : le célébrant et les ministres récitent l'Epitre et les leçons, en se tournant vers le peuple ; à certains moments, des sous-diacres, de chaque côté de l'autel, agitent de longs bâtons terminés à la partie supérieure par des faisceaux de sonnettes ; à la Consécration, pas d'Elévation du Saint-Sacrement, on se contente de l'Ostension des Saintes Espèces aux fidèles, avant la Communion. La foule qui remplit l'église est dans un recueillement parfait, on sent qu'il y a là un courant de pitié et de prières ; ces fidèles Arméniens excitent notre sympathie et nous prions volontiers pour ce peuple persécuté par l'islamisme.

Que vous dire de la ville de Constantinople ? Je l'ai peu parcourue, mais assez pourtant pour me rendre compte de sa situation et de son aspect général. Le jour même de notre arrivée, le cicerone à qui on nous avait confiés proposa une excursion au téké des derviches hurleurs ; ce devait être à peu de distance ; il y a en effet un téké à la rue Péra, mais soit erreur de la part de notre guide, soit que ce jour là les derviches de la rue Péra se fussent mis en grève contre Mahomet nous eûmes tout un voyage à faire pour arriver au but.

D'abord, nous descendons la pente rapide de la colline à travers les escaliers abrupts, puis par des rues étroites et immondes, le long d'un cimetière turc et, arrivés au fond du ravin, on se demande où est le téké. Le Cicerone ne le sait pas plus que nous ; renseignements pris, il nous engage dans une sorte de sentier ou de ruisseau desséché qui suit le fond du ravin : la chaleur est torride et nos ombrelles sont impuissantes à nous garantir des rayons du soleil. Après une demi-heure de course au clocher, nous faisons l'ascension d'une autre colline et nous nous trouvons devant une porte étroite qui nous donne accès dans une petite cour sur laquelle s'ouvre le téké. Ne vous imaginez pas un monument somptueux, les derviches sont de pauvres moines qui n'aspirent pas à construire des cathédrales ; leur couvent est en planches déjà noircies par le temps et ressemble à la plupart des maisons de Constantinople. On nous introduit au divan, mais il n'était peut-être pas prudent de prendre place sur les peaux de moutons qui servent de siège, nous en remporterions sûrement de piquants souvenirs ; mieux vaut aller directement au sanctuaire. Ce sanctuaire est une chambre en bois, comme tout le reste de l'édifice avec une fenêtre sur le jardin où reposent les restes des Saints du couvent, et une tribune où nous prenons place sur des bancs rustiques. J'avais le temps d'examiner : à mes pieds un parallélogramme autour duquel sont étendus des fourrures ; à un coin, du côté de la Mecque, le mihrab ou autel auquel pendent un poignard, un fusil, une hache, toutes sortes d'armes ; c'est tout l'ornement de la salle mystérieuse.

Nous attendions déjà depuis près d'une heure, lorsqu'un jeune homme s'approchant de la fenêtre, se tourne contre la ville et approchant ses deux mains de son visage pour en faire un porte-voix crie de toute la force de son gosier : il convoque, croyons-nous, les adeptes de la secte ou invoque les morts qui reposent au cimetière. Dix minutes après, les derviches apparaissent : le cheik au visage allongé, blême, encadré d'une longue chevelure blonde ; le virtuose de la troupe, jeune homme plein d'activité et de vigueur, puis une quinzaine de hurleurs. Le cheick s'approche du mihrab, porte simultanément les deux mains au front, puis les rabaisse le long du corps, fait une profonde prostration, s'agenouille, porte le front en terre, y reste quelques instants, se redresse ensuite pour recommencer plusieurs fois de suite ; les autres derviches le suivent et l'imitent et, quand tous ces préliminaires sont achevés, la troupe se range en demi-cercle, tous se couvrent le visage des deux mains, se prosternent le front contre terre, enfin s'accroupissent sur leurs talons, et se balançant tantôt d'avant en arrière, tantôt de droite a gauche, chantent : « La Ilah il Allah vé Mohammed jesoul Allah » ; par moments ils élèvent la voix, donnent des coups de gosier à se fatiguer, on dirait que, dans leurs chants grotesques, tout le Koran va passer. Écœurés du spectacle, nous n'attendons pas la fin, nous laissons les derviches et regagnons notre quartier de l'Éra.

On s'est bien vite rendu compte de la disposition de la ville ; elle se partage en trois quartiers principaux : Stamboul entre la mer de Marmara et la Corne d'Or; c'est le quartier musulman ; au pied de la colline, sur le bord du Bosphore, Galata, qu'habitent les juifs, et Péra où sont les chrétiens connus sous le nom général de Francs qui, en Orient, est synonyme de chrétiens. C'est là que se trouvent nos établissements français : Jésuites, Lazaristes, Frères des écoles chrétiennes, Filles de la Charité de l'hôpital, Filles de la Charité à l'Orphelinat de St-Joseph, Petites Sœurs des Pauvres, etc., etc., car nous en omettons certainement. Impossible de dire tout le bien qui se fait au nom de notre pays ; là, des orphelins sont recueillis et traités avec des soins maternels; des pauvres, des vieillards abandonnés trouvent une famille et tous les secours qu'exigent leur âge ou leur misère ; les malades rencontrent des sœurs qui leur prodiguent avec sollicitude les soins les plus assidus. Il m'est permis de dire aussi combien le voyageur français est heureux de trouver là quelqu'un qui parle sa langue, l'accueille avec sympathie, comprend ses besoins et lui rappelle la mère patrie. Il faut bien le reconnaître, ces œuvres sont sous la protection de la France qui, là, est restée chrétienne ; en la personne de son représentant, elle protège les Congrégations religieuses. Cet ambassadeur qui s'appelle aujourd'hui M. Constans les environne de sa bienveillance, reconnaît leurs éminents services, et déploie toute son énergie à les défendre et à les soutenir pour le maintien de l'influence française. C'est là, en effet, le secret du prestige qu'exerce la nation chrétienne par excellence, et toutes les ligues imaginées par les sociétés protestantes ou maçonniques ne réussiront pas à supplanter les Congrégations religieuses, soit pour la vulgarisation de notre langue, soit pour œuvres humanitaires ou de charité. Le spectacle qui m'a le plus frappé à Constantinople, c'est celui-là : le prestige de la France.

Sans doute, Constantinople est beau, mais vu de loin; quand on y pénètre, l'impression n'est plus la même. D'abord, c'est un vrai labyrinthe de rues qui se développent sans ordre ni régularité et on peut dire qu'à part la rue de Péra, c'est une agglomération de toutes sortes de choses les plus disparates. On y trouve des palais de marbre avec des forêts de verdure et tout à côté des huttes de bois et des réceptacles d'immondices, des minarets et des clochers, des églises et des mosquées, des casernes, des cafés, des cimetières, des bazars, des ruines, et tout cela pêle-mêle dans une confusion indescriptible. Il y a un peu de tous les pays du monde, un lambeau des faubourgs de Marseille, un coin de l'Italie, de la Grèce, un mélange de civilisation et de barbarie et au fond de tout cela, ce qu'on remarque, c'est la lutte entre la famille chrétienne qui cherche à faire des conquêtes et l'islamisme qui défend son terrain en désespéré. La rue Péra s'étend sur une assez grande longueur, sur l'arête de la colline, elle est bien loin d'être régulière. D'abord, à Constantinople, l'alignement n'est pas connu, et le pavé ne l'est pas davantage; ici, on a jeté quelque pierre informe et tout à côté, il y a un trou béant; de la propreté, on n'en parle pas : tous les matins, chacun jette à la rue ses immondices etc c'est tout au plus si quelque balayeur essaie de les enlever avec son microscopique balai. Il faut dire que les balayeurs ont de précieux auxiliaires : les chiens. Constantinople est un immense chenil. Les chiens sont là, par groupes sur le trottoir, sur la chaussée, sans s'inquiéter des passants ni même des voitures, se laissent fouler aux pieds, écraser même plutôt que de quitter leur place de choix. Ils sont chez eux faisant partie d'une sorte de corporation, et ont leur quartier où leurs autres congénères ne pénètrent pas ; à eux, les débris de la rue et, si on vient les inquiéter, il y a bataille. On imagine le concert des aboiements, des cris et des hurlements, et, quand c'est la nuit, le plaisir de s'endormir au son de cette délirante musique. Ho plus, c'est une cohue dont on ne se fait pas d'idée. Dans cette rue étroite passe à tout instant un petit tramway, il y a des voitures nombreuses, des piétons à qui ne suffit pas le minuscule trottoir d'ailleurs souvent encombré par les fumeurs de narguileh accroupis devant la porte ; ajoutez à cela les marchands ambulants de toutes espèces, les hamals avec des fardeaux qui occupent toute la largeur de la rue, les longues files d'ânes chargés de marchandises, et voyez s'il est facile de circuler. A chaque instant, il faut stopper et, avant d'aller plus loin, attendre que le flot s'écoule.

Sur sa route, on rencontre des gens de toute nationalité : turcs, grecs, arméniens, égyptiens, français ; tous les costumes ; le turc avec son tarbouch, le prêtre grec avec sa haute toque, le Frère des écoles chrétiennes, les prêtres français avec leur robe noire, le franciscain avec sa bure ; la fille de charité avec sa cornette blanche, la Petite sœur des pauvres avec sa tête encapuchonnée de noir, la grande dame coiffée à l'européenne, la mahométane au visage voilé, tout y est mêlé.

La rue de Péra est la rue aristocratique où se trouvent les grands magasins, les hôtels, les établissements importants ; vous me demandez ce que seront les autres rues. Descendez un des couloirs perpendiculaires à la rue principale ; vous trouverez un escalier étroit, aux marches informes et inégales ; un palais d'ambassade avec de superbes avenues ; aussitôt après, un plan incliné au sol raboteux couvert de cailloux roulants, un sentier tracé au milieu de maisons sans apparence, souvent en bois ; tantôt vous grimpez une pente rapide, tantôt vous dégringolez au fond d'un précipice ; tantôt vous vous bouchez le nez, tantôt vous aspirez des bouffées d'air embaumé des arômes de l'Orient, voilà à peu près une rue quelconque de la capitale de l'empire ottoman. Je pense bien que vous ne vous représentez pas non plus de riches édifices, ni même des maisons en pierre ; vous vous tromperiez ; construites en pierre les maisons seraient d'un moindre rapport que les baraques de bois, quand même encore celles-ci disparaîtraient dans un incendie, ce qui n'est pas rare.

Jetons maintenant un regard sur le quartier exclusivement ou à peu près exclusivement turc. Me voilà parti de mon hôtel *Khédivial* ; en quelques minutes, le tramway me conduit à la Corne d'or, près du pont de *Kara-Kuey*. Ce fameux pont, en bois, jeté sur la rade, relie Stamboul à Galata ; les ais sont mal joints, usés, et paraissent sur le point de céder sous le poids des voitures, cependant le droit de péage doit faire chaque année un bon revenu à l'État. Quoi qu'il en soit, on y jouit d'un admirable point de vue. Devant moi j'ai Stamboul avec ses imposantes coupoles et ses légers minarets ; derrière moi, Galata dominé par sa tour ronde ; à droite et à gauche la Corne d'or où s'élèvent comme une forêt d'aiguilles des mâts de toutes les dimensions ; autour de moi, une foule en mouvement où se rencontre une étonnante variété de types et de costumes.

A l'autre rive, c'est une vaste place ; le marché est encombré de légumes et de fruits de toutes sortes ; c'est aussi le point de départ du chemin de fer, une station pour les fiacres ; on se figure facilement l'aspect de cette place où on ne peut faire un pas sans coudoyer quelqu'un. Sans guide, il me fallut bien recourir à un de ces cochers qui hèlent les voyageurs embarrassés et ainsi, en quelques minutes, j'arrivais devant la masse imposante de Ste-Sophie escortée de ses minarets. Là, un *cicerone* au guet de visiteurs étrangers m'aborde gracieusement et me conduit au péristyle où on commença par me faire verser dix piastres. Cela fait, on me présenta des babouches, vieux chaussons de cuir très larges, utilisés déjà depuis u i siècle ; j'y introduis comme je peux mes pieds avec ma chaussure, c'est à cette condition seulement qu'on me permet d'entrer dans la mosquée. Plus d'une fois je perdis la vieille semelle, c'était un petit retard que j'évitai en glissant avec plus de précaution les précieuses babouches sur les nattes de paille qui couvrent le pavé. L'édifice a une grande nef de 100 mètres de longueur et deux bas côtés ; pas de voûte, mais un plafond recouvert de mosaïques. A une hauteur de soixante-cinq mètres s'élève une coupole à quarante fenêtres qui versent dans le vaisseau une abondante lumière ; elle couvre à peu près la grande nef. Dans une des basses nefs on voit une colonne qui porte l'empreinte de la main de Mahomet. Lorsque le prétendu Prophète entra dans cette église construite par Constantin au IV° siècle et restaurée au VI° par Justinien, il toucha cette colonne en poussant le cri : « Dieu est Dieu » ; en passant près d'une autre colonne placée vis-à-vis de la première, il la frappa de son cimeterre : on voit encore l'entaille que fit l'arme terrible. Puis, ce sont des *turbés* ou tombeaux des sultans, des versets du Coran, tracés en noirs sur des disques verts, des arabesques formées par des guirlandes et surtout, aux murailles, des mosaïques d'une perfection achevée. Au milieu est le *Maksouré*, tribune au grillage doré réservée pour le sultan ; en face, le *Mimber*, c'est-à-dire la chaire d'où l'*iman* prêche, non la parole de Dieu, mais la parole de Mahomet.

Ce n'est pas le moment de visiter la mosquée Sainte-Sophie ; le gouvernement turc, sortant de ses habitudes d'inertie, a pris le parti de faire restaurer l'édifice, et des échafaudages gênent le coup d'œil ; cependant on éprouve une impression de respect et de religieuse admiration devant ce chef-d'œuvre de l'art byzantin. Mais, ce qui domine, c'est le sentiment de profonde tristesse. Ce temple est mort ; là où prièrent les illustres évêques St Alexandre, St Paul, St Germain, St Jean-Chrysostôme, on n'entend plus que la lecture monotone des versets du Coran ; en cette basilique où les chrétiens s'assemblaient en foule, où le peuple

était nombreux à chaque instant du jour, je ne vois aujourd'hui que quelques musulmans assis sur des tapis roulés au milieu de la nef et deux ou trois curieux qui en inspectent les murailles, c'est un désert. Jésus-Christ en a été chassé, la Croix effacée, plus d'âme, plus de vie. Au fond du cœur je forme le vœu de voir un jour le Prêtre catholique rentrer triomphalement à l'église de Ste Sophie d'où l'a banni un brutal vainqueur ; peut-être le jour est-il proche. Mais, chut !... A notre arrivée on nous a dénoncés, dit-on, comme anarchistes de la pire espèce, et, pour qu'on nous permît de séjourner à Constantinople, il a fallu l'intervention de l'ambassade ; nous nous compromettrions en faisant tout haut des vœux pour la chûte de l'islanisme ; espérons quand-même.

Je suis trop près de l'*hippodrome* pour ne pas lui consacrer quelques instants ; c'est une vaste place qui a eu son rôle dans la société byzantine ; là se donnaient les courses, les jeux, les spectacles, les fêtes, et le peuple s'y rendait en foule ; de tous les chefs-d'œuvres qui en faisaient l'ornement, il n'en reste que deux qui attireront notre attention, l'obélisque monolithe de Théodose, haut de 20 mètres, apporté de Thèbes en Egypte, tout couvert de hiéroglyphes, et la colonne serpentine. Celle-ci qui se compose de trois serpents d'airain entrelacés a été tirée du temple de Delphes ; sur les têtes des reptiles reposait le trépied d'or consacré à Apollon ; aujourd'hui les têtes n'existent plus ; un sultan, Mohammed-el-Faty en abattit une d'un coup de sa hache d'armes.

Jetons un coup d'œil sur la mosquée *Ahmed* qui borde le côté oriental de l'hippodrome ; ses six minarets lui donnent un gracieux aspect. Il me reste à voir le bazar, c'est-à-dire le quartier commerçant de Stamboul : autrefois c'était un vrai labyrinthe de rues couvertes ; le tremblement de terre de 1894 y a amassé bien des ruines, cependant on retrouve encore un bazar dans ces ruelles étroites où s'amassent toutes espèces de marchandises et où s'agite à peu près continuellement une vraie fourmilière humaine. Mon *cicerone* voudrait m'entraîner à de nouvelles explorations, mais j'ai peu d'intérêt à visiter les mosquées où à côté de la satisfaction à reposer le regard sur des lignes pures, des contours harmonieux, se mêle une certaine oppression de l'âme en présence de l'erreur et de la déchéance des âmes. J'en dirais presque autant du sérail où je pourrais voir au moins la Sublime Porte, c'est-à-dire la porte de l'ancien palais du Sultan (1).

Me voici donc de nouveau en chemin de fer dans la direction du vieux pont, puis à Galata d'où un funiculaire souterrain me conduit à la rue Péra, c'est là que j'eus la joie de retrouver mes compagnons.

Quelle expansion! Quelle expression de contentement et de bonheur! J'avais près de moi un avocat, charmant jeune homme aussi parfait gentilhomme que bon chrétien, un étudiant d'une gracieuse naïveté, un confrère accoutumé aux choses orientales, et, j'aurais dû le dire d'abord, une excellente et pieuse dame aussi agréable que modeste, mais qui avait le goût des belles choses ; tout ce monde parlait avec enthousiasme de la Corne d'Or et de ses rives enchanteresses, d'Eyoub avec son immense cimetière, des Eaux douces d'Europe, de la verdoyante prairie qu'arrosent le Barbyzès et le Cydaris et des charmes de ce paradis terrestre, du Bosphore surtout dont on vante les baies entourées d'arbustes, les palais, les villas, etc. On me rappelle Io changée en vache par Jupiter et traversant le détroit qui tira son nom de la merveilleuse aventure, on vante Thérapia, la résidence de la plupart des ambassadeurs pendant la saison d'été, et le gracieux accueil de M. Constans ; la beauté de la rive d'Asie où s'enchaînent les kiosques, les villas et les jardins, etc., etc. J'écoutais ravi. Hélas! il faut vous le dire à l'oreille, pendant qu'un aimable confrère de Constantinople guidait notre groupe à travers toutes ces merveilles, je

goûtais les douceurs d'une cordiale hospitalité et j'apprenais des Filles de Saint-Vincent-de-Paul ce que la religion inspire de charité fraternelle. Si jamais vous venez à Constantinople, vous pourrez en faire l'expérience.

Mais tandis que la conversation allait son train, le soleil avançait ; l'heure du départ était arrivée. Je jette un dernier regard de la fenêtre de la salle à manger sur le Bosphore et la côte d'Asie ; nous bouclons nos malles et nous descendons. Autour de nous se pressent les gens de la maison : chacun veut son bacchich, on y tient comme à un souvenir d'amis qu'on ne reverra plus. Nos largesses faites, la voiture s'ébranle et nous voilà sur la pente de Galata. La rencontre d'un chariot qui heurta notre véhicule faillit nous renverser ; nous en fûmes quittes pour la peur. Un instant après, nous avions à nous débattre sur la valeur des monnaies, à discuter le prix de la course, à sauver nos bagages ; enfin à quatre heures nous étions à bord du Congo ; le Tigre avait fui vers d'autres plages.

Nous avons encore le temps de contempler Constantinople ; aujourd'hui il est en fête. Autour de nous tout est pavoisé ; les cafés de la rive sont enguirlandés, les illuminations se préparent, la foule couvre le quai ; le lendemain, la Turquie célébrera l'anniversaire de l'exaltation d'Abdul-Medjid.

La cloche sonne, l'ancre est levée, le navire s'éloigne de la Corne d'Or ; nous saluons en passant, à notre droite, la fameuse pointe du sérail, à gauche la tour de Léandre (1) et nous voilà dans la mer de Marmara, mais j'ai toujours devant les yeux la féérique vision de Constantinople. Adieu, le jour baisse et c'est l'heure de la prière. A bientôt.

---

(1) En Orient, c'est à la porte des villes qu'on traite les affaires, de là le nom de Porte donné aux assemblées où l'on s'occupe des affaires de l'État, comme chez nous le nom de Cour royale.

(1) Léandre est le nom d'un jeune grec qui se noya en traversant, non le Bosphore mais les Dardanelles d'Hellespont. On l'appellerait avec plus de raison la Tour de la Vierge, parce qu'elle fut la prison de la fille du Sultan Mahomet.

QUATRIÈME LETTRE

A bord du Congo. — L'île de Samos. — Beyrouth : L'Université ; une
promenade ; Œuvres françaises ; les moustiques. — Le « Prince
Georges. » — Sidon, Tyr, S. Jean d'Acre — Le Carmel.

Carmel de Galilée, 6 septembre 1899.

C'est du Carmel que je vous adresse ces lignes, sous un ciel d'une éblouissante blancheur et devant une mer d'azur.

Comme vous le savez, nous avons quitté Constantinople jeudi dernier, par un temps vraiment splendide et une mer à souhait. A bord, le groupe se retrouvait au complet, et, de plus, de nombreux passagers occupaient l'avant du pont devenu presque inabordable. A l'arrière, comme toujours, la bonne société, un peu l'aristocratie, des anglais, des fonctionnaires, des commerçants, des malades qui viennent demander aux eaux de la Savoie, un renouvellement de leur santé, des familles entières qui regagnent leur pays, entre autres, un arabe, fidèle à égrener son chapelet, bienveillant d'ailleurs pour les pèlerins, l'évêque grec de Hauran, en soutane de couleur rose ou bleu céleste, selon les fêtes ; un bon Père Franciscain, le P. Barnabé et le R. P. Roulleau, ancien Provincial des Jésuites, à Lyon. Voilà nos compagnons de voyage ; vous devez bien penser que d'abord nous nous occupons peu de ce qui se passe à bord, nous sommes encore tout à Constantinople. Nous revoyons à notre droite la pointe du sérail et la ligne des mosquées de Ste-So-

phie, Ahmed, Nouri Osmanieh et Biyazedieh ; à gauche, sur la côte d'Asie, Scutari, et un peu au sud, Chalcédoine ; plus loin, dans la mer de Marmara, les îles des Princes et au fond de la baie d'Ismidt (Nicomédie), la ville de ce nom; dans un autre golfe plus au sud Isnek ou Nicée ; c'était l'histoire des premiers siècles de l'Eglise qui passait devant mes yeux; là, s'étaient tenues les grandes assemblées d'évêques; ici, était la résidence impériale ; les Saints Athanase, Nicolas, Paphnuce, Potamon, etc., etc., ont vécu sur ces plages ; un peu plus loin, vers le Nord, Constantin remporta une victoire sur Licinius, presque pas de ville qui ne parle des luttes de l'Eglise pour la vérité.

Déjà vous connaissez le reste de la traversée, elle se trouve indiquée dans les Actes des Apôtres au chapitre XX ; nous suivons exactement l'itinéraire de St Paul : Troade, Asson où il prit la mer, Mitylène ou Métélin, Chio, Samos, etc. Mais nous, désireux de revoir encore une fois le berceau d'Homère, nous nous arrêterons à celle Ismir tant chantée par les poètes et aussi arrosée du sang de tant de Martyrs.

Après avoir constaté une fois de plus qu'elle est vraiment l'Œil de l'Anatolie, la *Perle de l'Orient*, nous poursuivions notre route vers l'île de *Samos*. Le soir était venu, le temps avait passé rapidement en conversations intéressantes et nous nous préparions à prendre notre repos, lorsque j'entends les notes mélodieuses d'un instrument ; je prête l'oreille... c'étaient des voix humaines... Un concert sur le *Congo* ?... En effet, au salon se pressait toute une société d'élite où l'on remarquait entre autres nos deux prélats. Aux airs de piano succédaient des chants pieux : *Adeste, fideles* ; des hymnes patriotiques : la *Marseillaise*, le *Chant du Départ*, etc., etc., des chansonnettes, la sonnerie du clairon. Et c'était un de nos confrères qui, penché sur un instrument au large pavillon, faisait succéder des disques à des disques qui, dans leur marche rapide, chantaient les airs qu'on leur avait appris. Parfois les voix étaient criardes, éraillées, nasillardes; n'importe, on écoute, on regarde, on s'étonne, on admire, et le phonographe finit par avoir les honneurs de la soirée. Là-dessus on s'endort pour ne se réveiller qu'en vue de l'île de Samos, la patrie de Pythagore et de Saint-Christophe.

Je conserverai un suave souvenir de la perspective de la petite capitale de l'île, *Vathi*, s'étageant toute souria nt sur le versant de trois collines qui se donnent la main comme des sœurs. Les vignes, avec les oliviers, les mûriers et les cotonniers lui forment un doux tapis de verdure, et, au soleil levant, la lumière revêt le paysage d'une incomparable beauté. Nous nous sentons attirés vers ces rives charmantes où nous voyons flotter un étendard aux couleurs de la patrie. Nous débarquons sans trop de peine et sans trop de bruit, et une fois sur le quai, nous courons au drapeau. Ce sont des frères qui sont là, heureux de nous serrer la main ; les maîtres, les serviteurs nous accueillent, empressés, le visage épanoui ; à leur cordialité, on sent quelque chose de la France, ce sont des Pères de la Société des Missions Africaines de Lyon. Ils ont là une station et s'y dévouent pour les rares catholiques qui veulent profiter de leur ministère. Hélas ! il y a peu de consolation à attendre de ce peuple samien ; les grecs schismatiques y règnent en

maîtres et, en général, cette secte est d'une intolérance jalouse qui ne permet pas à la vraie foi de s'implanter. Cependant, il y a là une chapelle bien proprette, à qui on n'a pas permis de dépasser en hauteur les superbes dômes des églises grecques, mais charmante dans sa simplicité; nous y avons prié pour les bons Pères et pour l'union des églises. Quelques-uns des nôtres se donnent la satisfaction de parcourir la ville, d'en gravir les sentiers, de pénétrer même à un foyer ; ils nous redient avec bonheur les grâces de l'hospitalité orientale et l'impression de joie que leur a laissé le cordial accueil de leurs hôtes.

Après une promenade sur le quai, aux ardeurs du soleil du midi, nous regagnions le *Congo* et quelques instants après nous cinglions vers le Sud. Nous laissons à notre gauche l'embouchure du *Méandre* où nos lunettes ne peuvent apercevoir ces légions de cygnes qui le hantaient, *Milet* qui nous rappelle St-Paul et ses chers Éphésiens ; à notre gauche, entre deux grands dômes qui s'élèvent au-dessus de la mer, on nous montre noyée dans la brume l'île de *Pathmos*, où S. Jean écrivit son Apocalypse ; de nuit, nous traversons le groupe des Sporades ; le mardi matin, la vue des montagnes du Liban nous annonce que nous approchons des rivages de la Phénicie.

Si j'ai bon souvenir, les Phéniciens étaient d'intrépides navigateurs qui sillonnèrent toutes les mers, c'est à eux qu'on attribue l'invention de l'écriture et la découverte de la riche couleur de pourpre (1). Nous apercevons ces rivages fameux. Devant nous, deux promontoires s'étendent comme deux grands bras pour embrasser la mer ; de l'extrémité septentrionale de cet immense arc de cercle dessiné par la côte s'échappe le *Lycus* (Nahr-el-Kalb); au sud, sur le triangle de terre qui s'avance dans la mer s'élève une belle col-

---

(1) La nymphe Tyros, dit-on, se promenant avec Hercule sur le bord de la mer, remarqua que son chien ayant brisé une coquille de *Murex* avait le museau teint en rouge ; elle demanda à Hercule une robe de cette couleur. Hercule recueillit alors une grande quantité de *murex* et trempa une étoffe dans leur sang.

line boisée, centre d'une ville dont les blanches maisons se détachent sur un fond de sombre verdure. Çà et là, des jardins encadrés de haies de cactus et de nopals ; des palmiers, des caroubiers qui laissent entrevoir quelques édifices brillants de lumière, entre autres la magnifique Université dirigée par les Pères de la Compagnie de Jésus; nous sommes à Beyrouth. Ici, rien de l'animation de Constantinople ou de Smyrne, pas d'invasion tumultueuse, pas de scène de sauvagerie ; nous sommes en pays civilisé. Cependant, nous constatons que Beyrouth ne tient pas les promesses de son panorama; les rues sont tortueuses, étroites, quelques-unes voûtées et sombres. En quelques minutes nos voitures nous transportent à l'Université qui nous ouvre ses portes encadrées de verdure et de fleurs. Ici, nous sommes chez nous, tant les bons Religieux nous mettent à l'aise et nous traitent cordialement. Après les honneurs du vaste divan, vient la promenade à travers les salles, les cours de récréation, les jardins et les ateliers. Cette dernière visite n'est pas la moins intéressante; sous nos yeux, les ouvriers fondent les caractères d'imprimerie, composent des pages de typographie ; des presses exécutent le tirage, et de charmants volumes en langue arabe sortent tout frais de la main des relieurs. L'imprimerie de l'Université vulgarise les bonnes doctrines, tandis que des maîtres distingués enseignent les sciences et fournissent à toutes les nations des médecins qui, pour le talent, ne le cèdent en rien aux élèves des plus célèbres Universités européennes.

Il nous fallait un gîte pour la nuit ; à l'Université, les dortoirs ne manquent pas: la plupart s'y installent. Quelques-uns s'en vont demander l'hospitalité aux Frères des écoles chrétiennes : La maison est tout à fait voisine, dans une situation également belle et d'une installation qui ne laisse rien à désirer. De vastes salles abondamment aérées donne accès à des cellules modestes, mais d'une irréprochable propreté où, sur les fenêtres, des alcarazas chauffées au soleil nous promettent pour le soir une eau bien fraîche. De la terrasse on domine Beyrouth et la mer ; à nos pieds des jardins et des tentes où s'abritent les habitants des maisons voisines pour la sieste du jour et le repos de la nuit ; au milieu de la masse des constructions émerge une tour sans architecture et sans caractère, c'est la tour de Guillaume II, construite à l'occasion de son voyage en Orient. Nous avons des choses plus intéressantes à voir.

Avec le secours d'un aimable Frère jésuite, nous embauchons un cocher de fiacre qui fouette aussitôt et grimpe la colline à travers un chemin bordé d'une haie d'immenses cactus. Au point culminant, se dresse un édifice quasi somptueux imposant par sa masse, c'est la maison des *Dames de Nazareth*. Une porte nous donne accès dans un frais bosquet où, sous les figuiers murmure une fontaine limpide ; des tamaris nous apportent leurs parfums ; de superbes *lilleus* nous ouvrent leurs fleurs de pourpre et en même temps nous offrent leur salutaire ombrage. L'accueil est de tout point *français*. Dans un délicieux salon où pénètre discrètement une douce lumière, nous trouvons un agréable repos et le nom de la France y fait épanouir les meilleurs sourires. Après avoir parcouru les salles où tout est dans un ordre parfait, les dortoirs à travers lesquels se jouent l'air et la lumière, nous faisons l'ascension des terrasses d'où le regard embrasse un immense horizon. Au nord-ouest, la chaîne du Liban, avec les bandes de verdure qui dessinent les vallées et ses nombreux villages cachés dans les charmantes oasis ; plus près les vastes forêts de parasols, les champs plantés de mûriers à l'ouest, la ville qui s'étage sur la colline et, au sud-est, la Méditerrannée que sillonnent les torques et où se perd le regard ; à nos pieds, dans les jardins, les palmiers avec leurs régimes aux dattes dorées que les bonnes religieuses disputent à de gloutonnes chauves-souris, des orangers dont les fruits commencent à jaunir et d'immenses lauriers-roses qu'on nous dit perpétuellement en fleurs.

Le spectacle de la charité catholique qui s'épanouit sur ce sommet n'est pas moins admirable; là, de nombreuses enfants reçoivent avec les éléments des sciences, l'éducation chrétienne qui élève les âmes et favorise la vraie civilisation.

Notre cocher nous attend, nous reprenons nos places et continuons notre excursion. Où allons-nous ? Nous ne le savons pas. Nous nous confions à notre automédon qui a reçu des ordres. Il fouette, fouette toujours, nous précipite au milieu d'un nuage de poussière, sur une route charmante, il est vrai, mais qui ne nous parait avoir d'issue sinon sur le bord de la mer. Un instant, nous considérons à droite la chaîne du Liban, les riches jardins qui avoisinent la route, mais tout à coup, mon compagnon, de sa plus forte voix : « Holà ! où nous conduisez-vous ? » crie-t-il au conducteur. Un coup de fouet fut toute la réponse. — « Mais, l'hôpital ? Les sœurs de la charité ? » — Il fouette de plus belle, il ne comprend pas. On l'appréhende au collet, on joint le geste à la parole. Alors, il serre le frein. Avisant des jeunes gens sur une terrasse ombragée, nous les prions de demander au conducteur où il nous mène. Une conversation s'engage en Arabe, et la conclusion nous est bientôt transmise : « Parbleu! il vous mène promener ». Nous finissons par faire comprendre qu'il faut rebrousser chemin et rentrer en ville. La rencontre de nombreux troupeaux de moutons à large et lourde queue, nous retarde un peu ; enfin, nous voyons apparaître sur une porte une cornette blanche, nous étions à l'Orphelinat. Là, les sœurs de charité font pour les orphelines ce que les Dames de Nazareth font pour les enfants de la classe aisée et les jeunes filles qui sortent de l'établissement sont ensuite des trésors dans leurs familles. Nos maisons religieuses, y compris les Frères des écoles chrétiennes sont, à Beyrouth comme à Constantinople la gloire de la France et font des prodiges de charité.

Désespérant de pouvoir décider notre cocher à nous conduire à l'hôpital, après avoir écouté les maternels conseils que nous donne pour notre voyage la vénérée Supérieure des Sœurs de la Charité, nous regagnâmes l'Université. Alors, il fallut discuter le prix de la course, la valeur des monnaies ; on élève la voix, un attroupement se forme; ces bons Arabes dévorent des yeux notre porte-monnaie, en approchant leur nez sans cependant oser

y porter la main. Enfin, tout s'arrange ; nous allons prendre la copieuse réfection qui nous est servie et ensuite chercher un peu de repos.

Hélas ! le repos ! imaginez-vous que nous avons ici des adversaires acharnés du sommeil. Des insectes ailés viennent sournoisement enfoncer leur dard impitoyable partout où ils trouvent un point vulnérable et vous laissent avec la chair tuméfiée et une intolérable démangeaison. Si au moins, ils respectaient la moustiquaire, mais le lit a beau être environné de haut en bas de gaze blanche, ils trouvent toujours le moyen de s'insinuer et de faire quelque blessure. Cependant, je ne me plains pas, et lorsque j'entends les lamentations de mes compagnons, je me trouve un des privilégiés...

A trois heures, il fallait être sur pied et à cinq heures sur le quai. Nous passâmes un moment à la délicieuse église de l'Université ; il fait bon prendre le matin près du bon Dieu, un bon confort pour la journée. Ensuite, nous traversions les rues de Beyrouth où tout le monde dormait encore, le cœur un peu serré de n'avoir pu pousser une pointe jusqu'à Damas et Baalbek; mais ce sera pour un prochain voyage.

Quelle embarcation va nous porter en Palestine ? Nous ne le savons encore. Ce que nous savons, c'est que le Congo est parti dans une autre direction et que nous n'aurons plus le luxe des vaisseaux des Messageries Maritimes. Nous ne trouvons en effet, en rade, qu'une modeste coquille de quarante mètres de longueur, six au plus de large, un pont suffisant à peine pour nous loger tous, pas d'intérieur ou si étroit qu'il ne faut pas songer à s'y installer. Il faut se résigner à prendre place sur le modeste banc de bois qui court le long des bastingages ou à s'étendre de son long sur le pont. La machine soupire, les pistons battent réguliers, rapides, monotones, comme le balancier de l'horloge, le bateau lance des gorgées de blanche écume, verse à droite, verse à gauche, en avant, en arrière; quelques-uns en rient, les autres ne prennent pas la chose en plaisanterie et commencent à souffrir du roulis. Et cependant, c'est le Prince Georges qui nous porte; c'est lui qui nous a amenés au rivage de la Terre Sainte.

Nous avons perdu quelques voyageurs; les uns se sont laissés gagner par les attraits de Damas et par la splendeur des ruines de *Baalbeck*; d'autres, comme le R. P. Roulleau, séjournent à Beyrouth; en revanche, nous avons avec nous le savant et sympathique Frère Benoît, franciscain du couvent de Jérusalem, depuis longtemps au courant de toute l'histoire et de toutes les antiquités de la Palestine; il nous servira de guide durant la traversée. Le P. Barnabé, supérieur du couvent du Thabor, est encore des nôtres; il nous a intéressés déjà, sur le *Congo*, par ses dissertations bibliques pleines d'érudition, nous mettrons encore sa science à contribution.

Notre bâtelet fait plus de bruit que de chemin et nous avons le temps d'observer le rivage phénicien que nous côtoyons et qu'une atmosphère limpide semble rapprocher de nous. A notre droite, à l'est, se dresse majestueusement la chaîne du Liban qui court du nord au midi; de là, de petites collines descendent en pente douce jusqu'à l'étroite plaine qui avoisine la mer. On nous fait remarquer, sur la rive, l'antique Sidon, la ville mère de toutes les cités phéniciennes, c'est aujourd'hui le modeste port de Saïda et on n'y fait guère d'autre commerce que celui des oranges et du tabac.

Encore une heure de chemin, et sur le versant d'une montagne, nous apercevons un beau village auquel on donne le nom de *Serfand*; tout à côté blanchit une coupole qui, nous dit-on, indique l'emplacement de la maison de la veuve de Sarepta: c'est là que le Prophète Elie multiplia la farine et l'huile et ressuscita le fils de la veuve.

Bientôt après, nous étions à Tyr (*Sour*). On ne se douterait guère que ce fut autrefois la reine des mers. Plus de cette pourpre qui faisait autrefois sa richesse; l'île d'*Erycone* sur laquelle elle était construite est maintenant reunie au continent; les oracles des prophètes se sont accomplis et il ne reste plus rien à Tyr de son antique splendeur.

En dépit du roulis, l'appétit se fait sentir et le soleil est déjà bien haut sur l'horizon. Alors notre infatigable et prévoyant directeur retire de la cale d'immenses corbeilles aux flancs gonflés; il en extrait triomphalement, comme de vraies cornes d'abondance, des viandes délicates, des grappes dorées, des amphores de ce délicieux *vin d'or* du Liban que nous avions apprécié à Beyrouth, des pommes appétissantes, etc. La table est bientôt dressée: c'est le plancher que nous foulons; les sièges, ce sont les bancs sur lesquels nous sommes assis; les plats et les coupes circulent et la gaîté assaisonne admirablement les mets de ce repas.

Cela fait, nous nous rappelons que nous approchons de la terre sanctifiée par le Sauveur, il vint même jusqu'aux confins de Tyr et de Sidon; c'est le moment de nous revêtir de nos insignes qu'on distribue à l'instant: c'est un écusson, croix rouge avec un Christ de laiton sur champ bleu, fleurdelisé aux quatre angles et bordé d'un liseré rouge. Nous voilà armés pèlerins et la croix brille sur nos poitrines.

Le vent était devenu plus favorable; nos marins jugent à propos d'accélérer la marche du vaisseau et de mettre à la voile. Hélas! le roulis et le tangage s'accentuent, les conversations languissent; la pâleur couvre les visages; on a besoin de solitude et de silence et le rivage n'a plus d'intérêt; pauvres malades! j'en avais pitié, mais la médecine est impuissante à guérir le mal de mer.

Nous avancions quand même, la côte paraissait s'animer, un immense aqueduc reposant sur un pont d'une centaine d'arches, annonce la présence d'une ville et, devant nous, à peu de distance, un ruban jaunâtre court entre la mer bleue et la campagne verdoyante; au-dessus s'élèvent quantité de blanches maisons, c'est St-Jean d'Acre, l'ancienne *Acco* et plus tard Ptolémaïde. Là passa l'apôtre St Paul, au retour de sa troisième Mission. La ville eut à soutenir des sièges célèbres: les Arabes s'en rendirent maîtres; Baudoin I la prit en 1104, mais après la bataille d'Hattine, de nouveau les Musulmans l'occupèrent jusqu'à ce que Guy de Lusignan s'en emparât, après un siège de trois ans. Elle doit son nom aux Chevaliers de St-Jean qui y firent leur résidence. Vous savez que St Louis y aborda en 1270 et il n'est personne qui n'ait lu le terrible épisode du siège de 1291 dans lequel le sultan d'Égypte fit massacrer 25,000 chrétiens. Les religieuses Clarisses pour conserver leur bonheur, ne surent imaginer d'autre moyen que de se déchirer le visage ; elles réussirent à devenir pour les soldats un objet d'horreur. Lorsqu'ils aperçurent ces religieuses, le nez coupé, le visage tout ensanglanté, ils n'eurent d'autre pensée que de les massacrer. Il faut ajouter que St-Jean d'Acre a la gloire d'avoir pu résister à Napoléon qui en tenta vainement le siège (1799) ; la Turquie fut plus heureuse en 1829.

La pointe de St-Jean d'Acre termine au nord un golfe qui s'étend jusqu'à la petite ville de Caïfa. Assise dans sa baie tranquille, Caïfa développe ses quais et ses maisons au pied du promontoire voisin, le cap Carmel ; nous y arrivons hier soir, vers cinq heures et demie. Après les ennuis inséparables du débarquement, nous faisons une halte à la maison que possèdent là les Carmes, en qualité de Curés de la paroisse latine. Comme d'habitude, une nuée d'enfants, de jeunes gens nous suivent, en nous offrant leurs services, mais moustiques qui ne lâchent leur proie qu'après l'avoir sucée au moins quelque peu. Ils nous accompagnent jusqu'à la maison, y pénètrent avec nous, et le concierge qui, de son gourdin, frappe d'estoc et de taille, ne réussit pas à écarter la fastidieuse engeance.

Se débarrasser de la surabondance de ses bagages, faire ses préparatifs de l'ascension du Carmel, c'est l'affaire d'un instant ; la montagne se dresse devant nous et il est facile de deviner le couvent qui se cache sur le versant de la montagne. Nous ne risquons pas d'ailleurs de nous égarer, des quémandeurs de backchich, fort courtois du reste, nous accompagnent et ne nous laissent qu'après nous avoir mis en bon chemin. Pendant près d'une heure, nous marchons à pas lents ; enfin, nous atteignons le sommet. Une vaste cour s'ouvre devant nous ; à gauche le couvent du Carmel ; à droite la villa d'Abdallah-Pacha et le phare qui surmonte l'édifice.

D'abord, nous saluons la Vierge qui a daigné établir ici son trône, et agenouillés dans l'église carmélitaine, nous chantons l'Ave Maris stella. La fatigue ne permettait pas une prière bien prolongée ; on

nous conduisit à la villa que nous avions aperçue tout à l'heure ; la vaste salle nous servira de divan, en attendant qu'elle soit transformée en réfectoire. Nous avions encore le temps de disserter sur le Carmel et ses constructions. Un voyageur érudit nous raconte qu'en 1821 Abdallah, pacha de St-Jean d'Acre, construisit l'édifice où nous sommes pour s'en faire une résidence d'été. Il ne pensait pas sans doute faire une œuvre utile aux français pèlerins du Carmel. Je vous fais grâce de l'histoire du couvent rédifié en 1827, mais dont l'origine remonte à une haute antiquité.

Nous allons braver de nouveau les moustiques que les grillages serrés des Carmes ne parviennent pas à éloigner. Il n'est pas difficile de s'éveiller à deux heures du matin ; nous errons de notre numéro 31 à travers les vastes corridors, à tous les étages pour n'aboutir qu'à des Oratoires ou des salles inoccupées ; enfin, un guide charitable nous indique le chemin de l'église où déjà plusieurs prêtres sont à l'autel.

Dans une demie obscurité, nous descendons une des deux rampes qui conduisent du Sanctuaire à la nef ; au pied se trouve la grotte de St-Élie. Sur la pierre qui sert d'autel, le Prophète reposait pendant la nuit, et c'est là, dans cette crypte, qu'il était agenouillé lorsque Giezi, son serviteur vint lui annoncer qu'une nuée blanche et légère montait de la mer vers le ciel. Là, j'ai offert la divine victime, honorant à la fois la Vierge Mère et le Prophète qui l'annonça aux âges futurs.

Un instant après, les pèlerins de la Nef du Salut envahissaient l'église ; ce n'est pas sans une vive joie que parmi eux je rencontrais deux compatriotes ; il me semblait revoir le Jura et respirer un parfum du pays.

Quand le soleil vint inonder de sa lumière les sommets, les vallées et la mer bleue, je voulus goûter la fraîcheur du matin à l'ombre des sycomores et donner un regard aux oratoires voisins de la demeure Carmélitaine. Les messes de pèlerinages se succédèrent au Sanctuaire, et après avoir répandu ma prière aux pieds de la Madone si chère aux pèlerins, je montai, par un étroit escalier, à la terrasse

du couvent. Pendant que je cherchais à
m'orienter devant l'immense tableau, un
jeune frère de l'Assomption venait aussi
contempler le même panorama. Avec une
amabilité charmante, il se mit à ma disposition et assis à l'ombre de la coupole
nous pûmes nous rassasier du spectacle
de la vaste mer. De l'autre côté, nous
avions les versants occidentés du Carmel; au
loin, le Grand Hermon et l'Anti Liban,
dont les pics dominent les verdoyantes
montagnes de la Galilée; à nos pieds
Caïffa et St-Jean d'Acre s'avançant dans la
mer. Nous ne pouvions nous rassasier de
ce spectacle.

De ce point élevé, on domine de près
l'aire assez vaste qui sépare le monastère
de la villa d'Abdallah; presqu'au centre, à
côté d'un puits de mauvaise eau, un obélisque a été dressé à la mémoire des soldats français morts au Carmel pendant le
siège de St-Jean-d'Acre, en 1790. Tout à
coup, des notes lugubres se font entendre. Devant le couvent, un autel est tendu
de noir; on célèbre la messe de Requiem
pour un jeune religieux décédé, il y a
peu, dans un pèlerinage au Carmel; nous
unissons notre prière à cette prière fraternelle, sans oublier nos soldats dont la
dépouille mortelle repose à l'ombre du
monument funèbre et sous la garde fidèle
de la Madone.

L'église du Carmel que nous avons vi-
sitée en détail a la forme d'une croix grecque. Au centre, la coupole s'élève avec
majesté; aux deux bras de la croix s'élèvent des autels; l'un à St-Jean Baptiste;
l'autre, à St-Simon Stock. On monte au
sanctuaire par un escalier tournant de dix
degrés; là, le maître-autel supporte, au
milieu de quatre colonnes la statue miraculeuse de N.-D. du Mont Carmel.

Ainsi élevée, elle rappelle la nuée qui
monte au ciel, et promet à la terre une
rosée de bénédiction. Il y a là le souvenir de St-Élie qui vécut au Carmel; le souvenir de Ste-Anne qui, sur les pentes de
la montagne avait sa maison et ses troupeaux; le souvenir des Saints qui habitè-
rent ces solitudes; St Narcisse, St Cyria-
que, St Jacques, etc.; le souvenir de St
Louis, roi de France, qui fit ici un pèlerinage d'actions de grâces, et il semble que
notre prière monte avec la nuée mystérieuse pour retomber sur les nôtres en
abondantes grâces de salut.

Au moment où je termine, j'aperçois la
Nef du Salut qui se balance élégamment
dans la rade; les pèlerins, aux divers costumes, se hâtent sur le chemin de Caïffa
et animent de leurs longues lignes les
sentiers de la montagne. Bientôt, nous les
suivrons à l'École des Prophètes, au bas
de la montagne, puis à Nazareth; c'est de
là que j'espère dater ma prochaine
lettre.

CINQUIÈME LETTRE

Nazareth, 7 septembre 18..

En quittant le Carmel, nous avons pris, à gauche, un mauvais sentier pierreux, étroit, à peine tracé, au milieu de buissons hérissés d'épines. Sur la pente rapide où nous dégringolons, se trouve un oratoire dédié à S. Simon Stock ; c'est un souvenir du saint Ermite à qui la Vierge révéla la dévotion du scapulaire ; plus bas, en avançant vers Caïfa, on nous fait visiter l'École des Prophètes, aujourd'hui pauvre mosquée qui a son mihreb où les Musulmans viennent prier. Les parois sont couverts de noms, d'inscriptions qui attestent l'antique vénération dont cet oratoire a été l'objet ; jadis, dit la Tradition, les disciples des Prophètes s'y réunissaient et s'y préparaient à recevoir l'esprit de Dieu.

En continuant notre route, nous apercevons, presque sur le bord de la mer, le monastère de Carmélites, fondé par le Carmel d'Écully, au diocèse de Lyon ; il y a là une Affiliante colonie qui contrebalance au nom de la France chrétienne l'influence que cherche à conquérir le protestantisme allemand. Des véhicules nous attendent, et en un clin d'œil nous transportent à Caïfa. Vite, on fait les derniers préparatifs du voyage ; les nouveaux costumes aux couleurs tendres, les voiles blancs qui flottent au vent donnent à notre groupe le pittoresque aspect d'une caravane orientale ; mais au lieu de chameaux, nous avons de vulgaires voitures. A l'assaut et en route !

Nos dix breaks se suivent à peu de distance les uns des autres sur la route grise, soulevant des tourbillons de poussière. A gauche, la mer dont nous sépare une large plate-bande de verdure ; les hauts palmiers émergent du milieu des forêts de grenadiers et donnent à ces riches jardins un aspect merveilleux. Plus loin, quelques tentes où les habitants prennent leur repos ; des puits surmontés d'un levier rudimentaire, une tranche de bois ; ici et là, des réservoirs où coule une eau abondante et où viennent s'abreuver des troupeaux de moutons ; à notre droite, les pentes du Carmel auxquelles s'attachent quelques pauvres gourbis de terre, sans ouverture pour la lumière et sans issue pour la fumée ; le long du chemin, de longues files de chameaux sur l'un des

quels se perche et se balance le chamelier ; ou bien quelque arabe coiffé de son
épais turban, le fusil en bandoulière, le
coutelas à la ceinture, relevant aussi haut
que possible sa robe légère pour donner
plus de liberté à ses énormes jambes
bronzées par le soleil ; ou encore des enfants qui accourent demi-nus et nous suivent à la course pour ne pas manquer au
devoir sacré de réclamer l'éternel *bacchich*. Dans les champs, apparaissent des
monceaux de paille qu'un cheval brise en
traînant une herse sur laquelle se tient
debout le conducteur : c'est ainsi qu'on
prépare la nourriture du bétail ; ailleurs,
ce sont des gerbes de sésame récemment
cueilli. Puis, quand nous avons longé la
voie ferrée destinée à relier, (on ne sait
quand), Caïffa à St-Jean-d'Acre et à Beyrouth, nous nous engageons dans la montagne où nous trouvons quelques champs
d'oliviers ; une forêt de chênes verts nous
offre ensuite un délicieux ombrage qui
permet à nos chevaux de reprendre ha-
leine et aux voyageurs de se rafraîchir : les
bons Arabes, en effet, comptent sur la
soif des voyageurs et se trouvent partout
où ils espèrent tenter leur palais desséché : leur bière est excellente.

Les pèlerins de la *Nef du Salut* qui
nous ont précédés sont là, achevant de
prendre leur repos ; nous les devançons
sur la route de Nazareth. Il faudrait voir
comme nous marchons bon train ! Ce
n'est plus le temps où sur une misérable
Rossinante, avec un petit mousse en
croupe, je cheminais à travers la campagne. Il y avait alors un chemin à peine
marqué et, à défaut de pont, il fallait faire
de longs détours pour trouver un gué ; les
rampes étaient montueuses, abruptes, im-
possibles. Depuis le voyage de l'Empereur
d'Allemagne, partout les routes sont car-
rossables ; bientôt on y viendra à bicy-
clette, mais ce ne sera plus l'Orient.

Quand nous avons, à grand trot, traversé
la vallée, abreuvé les chevaux à une source
fraîche, nous arrivons à un petit village ;
accroupis en longues files, près de la muraille, les hommes fument le narguileh ;
des enfants en haillons folâtrent à l'entour
et quittent leurs jeux pour venir nous tendre leurs mains malpropres. Pas d'autres
incidents sinon quelques haltes pour re-

cueillir un chapeau qui prend le large ou
une ombrelle qui roule dans la poussière ;
les conducteurs luttent de vitesse et se
disputent la préséance, au risque de nous
jeter au fossé ; il faut dire que les voyageurs s'en aperçoivent à peine tant la chaleur est accablante : mon voisin sommeille
en inclinant la tête, et les plus rudes se-
cousses ne parviennent pas à le réveiller.
Cependant le blanc de houppelande d'un
autre est transpercée par une sueur abondante, on se dit : quelle chaleur !

Toujours la chaîne du Carmel est là ;
on aperçoit le sommet sur lequel Élie offrit
son sacrifice et confondit les Prêtres de
Baal ; nous avons franchi à une demi-
heure de Caïffa le Cison rougi du sang des
infidèles. Maintenant nous avançons vers
les montagnes et déjà s'arrondit à nos
yeux le dôme du Thabor.

Il est bientôt six heures ; le soleil éclaire
de ses derniers rayons un groupe de maisons assises sur la pente de deux collines,
c'est Nazareth. Elle est là, devant nous, la
ville bénie, avec sa Basilique dont la flèche montre le ciel, non loin de la plaine
où les Nazaréens foulent l'orge et vannent
le grain au vent du soir. S. Louis, d'aussi
loin qu'il aperçut Nazareth, descendit de
cheval, fléchit le genou et s'avança res-
pectueusement vers la cité sacrée. Nous
nous sentons contentines de tressaillir en
élevant vers Dieu nos cœurs. Au même
instant, un groupe d'enfants de leurs voix
argentines acclame la caravane ; c'est la
France qui est là en la personne d'une Religieuse pour former ces petites âmes à
l'amour du bien ; c'est pour la France que
nous allons prier.

Nous approchons ; la vallée au fond de
laquelle nous descendons rapidement est
toute verdoyante d'oliviers, de figuiers et
de grenadiers ; les maisons qui blanchissent
aux flancs des collines ont un air de
fraîcheur et de grâce : Nazareth est toujours la petite ville fleurie. Nous mettons
pied à terre ; des concerts se font entendre : les orphelins de l'oratoire salésien
saluent les pèlerins. Aussitôt, bannière
déployée, nous gravissons la petite pente
qui conduit à la basilique et arrivés sur la
vaste terrasse pavée, à travers la porte
large ouverte nous voyons une charmante
église à trois nefs, encore toute fraîche et

propriété : c'est l'église de l'Annonciation. Comme au Carmel, le sanctuaire, destiné aux religieux est élevé de dix à douze marches d'escalier au-dessus du niveau de la nef ; au-dessous s'ouvre la crypte si vénérée des pèlerins. Nous descendons les quinze marches d'un escalier de marbre blanc et une inscription sous un modeste autel nous révèle le mystère accompli en ce lieu : « *Hic Verbum caro factum est* ». Au souvenir de cette heure à jamais bénie, où le Fils de Dieu s'incarnant vers notre pauvre nature, se faisait notre frère, il n'y a qu'à fléchir le genou et à se prosterner le front contre terre. C'est ici, près du rocher, que la Vierge était agenouillée quand lui apparut le Messager céleste ; un est autre en droit marqué par un cadre de marbre noir, se tenait l'Ange chargé d'annoncer la joyeuse nouvelle. Il nous semble entendre encore, comme une musique céleste, les paroles qui si souvent déjà ont passé sur les lèvres des chrétiens : « *Ave, gratia plena.* » Nous nous promîmes de revenir méditer là les paroles d'humilité de la Vierge et ce fut qui fit d'elle la mère de Jésus et la corédemptrice du genre humain. « *Magnificat* ! » c'est le cri qui s'échappe de toutes les lèvres ; en le chantant, les yeux se mouillent de larmes et le cœur se remplit davantage encore de reconnaissance et d'amour.

Si grande que soit la fatigue, on voudrait prolonger cette première visite, respirer à l'aise le parfum qui s'exhale de ce saint lieu, se remplir de la grâce qui se répandit en la Vierge, au moment où s'accomplissait l'ineffable mystère et féliciter encore la divine Mère du choix que le Ciel a fait d'elle pour être la mère de Jésus. L'heure était déjà trop avancée pour épancher tous les sentiments qui débordaient de nos cœurs et l'hôtellerie franciscaine nous attendait.

Derrière une cour ombragée, le grand escalier nous donne accès à de vastes corridors. Cellules proprettes, air en abondance, eau délicieuse, nous avons tout à souhait. Partout des visages épanouis, des paroles affables, des prévenances délicates ; aussi, malgré les moustiques, comme on y reposerait, si l'heure du lever n'était pas si matinale !

Mais aussi quelle consolation de célébrer la sainte Messe, de recevoir ici dans ses mains et dans son cœur, celui qui y est descendu avec tant de miséricordieux amour ! Ce matin, après les prières du pèlerinage, nous avons revu encore, avec le bon Frère Benoît, cette humble maison de la Vierge. Alors que la sainte Famille y faisait sa demeure, la maison de Lorette s'appuyait contre le rocher, qui lui-même se creusait assez profond pour former encore une et même plusieurs chambres habitables : telle est la tradition qui nous montre dans une seconde grotte ce que le vulgaire appelle la cuisine de la Sainte Vierge. Depuis dix-neuf siècles, le sol s'est exhaussé tout à l'entour ; de plus, les ruines des églises construites en cet endroit en l'honneur de la Sainte Vierge se sont amoncelées ; les murailles qui s'adossaient au rocher ont été emportées par les Anges ; mais la crypte est demeurée comme enfouie sous les décombres et elle y est encore entourée de vénération et d'amour.

Tandis que nous parcourions les nefs de l'église, allaient et venaient de jeunes mères avec leurs enfants à la main ou reposant sur leurs bras ; à les voir gracieuses et modestes, le visage encadré dans le voile blanc dont elles s'enveloppent, on croirait rencontrer la Vierge de Nazareth ; elles semblent porter dans leurs traits, comme un reflet de son incomparable beauté. De même, quand nos regards tombent sur les petits enfants aux joues roses et aux boucles blondes agenouillés devant l'autel ou simplement assis sur les degrés de la grotte, on se dit : Tel devait être l'Enfant Jésus avec son visage vermeil et sa chevelure d'or.

A Nazareth, Jésus passa les jours de son adolescence et vécut de la vie de ses compatriotes jusqu'à l'âge de trente ans. Nous suivons ici ses traces ; nous parcourons les sentiers qu'il a parcourus. A quelques minutes du couvent franciscain se trouve l'atelier où le chef de la Sainte Famille travaillait de son humble métier ; c'était, comme il arrive encore aux Nazaréens d'aujourd'hui, à quelque distance de son habitation. Sur la porte, un gardien nous fait signe d'entrer ; sa figure noire s'illumine pour nous sourire et quand nous glissons dans sa main d'ébène le *bacchich* obligé, il nous inoffre, pour nous remercier, en deux magnifiques rangées, l'ivoire de ses dents. Une chapelle presque sans ornements occupe la place de la maison où le Fils de Dieu servait l'humble charpentier qui lui tenait ici bas lieu de Père, et les ruines qui avoisinent attestent que ce lieu n'a jamais cessé d'être vénéré des chrétiens.

La rue principale de Nazareth suit le fond du ravin qui sépare les deux collines ; elle se partage en trois parties : au milieu un canal de pierre sans couverture, pour le passage des ânes, des chameaux, etc., et, de chaque côté, deux minuscules trottoirs où deux hommes passeraient difficilement de front ; le long de ces boulevards, des magasins d'étoffes, d'épices, de fruits, etc. ; par là, nous allons à la Synagogue où le Sauveur expliqua la prophétie d'Isaïe : « L'esprit du Seigneur est sur moi ! » ; aujourd'hui, une église grecque a remplacé l'antique synagogue, elle est toute brillante d'icônes enluminées. Nous nous rappelâmes que les Nazaréens voulurent précipiter Jésus du haut de la montagne voisine et que la Vierge suivit son divin Fils jusqu'en dehors de la ville sur une éminence où s'élève aujourd'hui le petit oratoire de N.-D. de l'Effroi. Continuant notre ascension, nous arrivâmes à la chapelle franciscaine de la *Mensa*

Christi ; elle renferme un énorme bloc de pierre qui servit de table pour un repas que Notre Seigneur prit avec ses Apôtres, quelques jours après la Résurrection. Nous avons visité ensuite une pauvre église Maronite qui se trouve dans le voisinage. Il nous restait à voir la fontaine de Marie qui coule au bout d'une vallée voisine ; sur le chemin vont et viennent des filles et des femmes qui portent gaiement leurs cruches pleines inclinées sur leurs têtes. Ainsi faisait sans doute la sainte Mère de Jésus, en parcourant ces mêmes chemins que nous suivons. Le bassin de marbre qui recueillait les eaux a été rompu, quelques pierres restées debout forment une petite place qui s'étend en hémicycle devant la fontaine. Nous pouvons obtenir des rieuses et obligeantes Nazaréennes un peu d'eau de cette source où puisa la Sainte-Vierge et nous avons hâte de rentrer au logis.

De retour à l'hôtellerie, je trouvai devant la porte les marchands de grenades, de mouchoirs, de cravaches, de cartes postales, etc. Mais l'heure du départ pour Tibériade approchait. Je voulais vous tracer encore à la hâte ces dernières lignes …Voici que le sifflet strident du cher frère Benoît se fait entendre ; c'est le signal. Adieu.

SIXIÈME LETTRE

La Fontaine du Cresson. — Cana. — Mont des Béatitudes. — Tibériade. — Promenade sur le lac. — L'hospice franciscain. — Une chevauchée. — Le Thabor. — La France à Nazareth.

Nazareth, 9 septembre 1893.

Peut-être direz vous que nous ne pouvons nous décider à quitter Nazareth et vous auriez raison; il y a ici je ne sais quel charme invincible qui nous retient et nous enchaîne. Le souvenir des mystères accomplis en ce lieu, le parfum de simplicité qui embaume la petite cité, la grâce du site, l'aimable hospitalité de *Casa-nova*, tout nous captive. Cependant nous nous donnons la liberté de quelques excursions aux alentours : nous arrivons en effet de Tibériade et du Thabor.

Immédiatement après avoir clos ma dernière lettre, je m'étais rendu au pied de la colline où nous attendaient nos véhicules, et de suite nous partions à travers la plaine où se réunissent les deux vallées de Nazareth. Nous jetons encore un regard à notre gauche, vers la fontaine de la Vierge, et, par une pente douce qui nous conduit vers le sud est, nous gagnons le sommet d'une petite colline. De là le regard s'étend vers le nord et, au delà de la vallée vers laquelle nous marchons, sur le versant d'une autre colline, se dressent quelques maisons grises sur le fond de verdure des vignes et des oliviers, c'est Cana; encore quelques pas, et nous apercevons sur notre droite la *fontaine du Cresson*, fameuse par la

défaite des Croisés, en 1187. Au fond de la vallée, dans un îlot verdoyant, des pierres de taille éparpillées et une sorte de margelle en ruines nous indiquent la fontaine de Cana. Il y a longtemps que nous entendons parler des noces de Cana, de la condescendance du Sauveur pour les amphytrions du festin, à la prière de sa mère; voici la source où le maître d'hôtel fit puiser l'eau destinée à être changée en vin. Des bœufs, des moutons et des chèvres s'y abreuvent à un sarcophage qui sert d'auge tandis qu'une troupe de bergers et de bergères pétrissent la boue épaisse de leurs pieds nus. Nos chevaux s'abreuvent aussi au passage, mais l'eau est trop peu claire pour que nous osions y puiser; malgré l'ardeur de la soif qui nous dévore, nous n'osons pas en approcher nos lèvres.

Un peu plus loin, au village de Kefr-Cana, nous nous arrêtâmes à la maison de Simon dans laquelle se donnait le festin de noces auquel assistaient Jésus et Marie. Après avoir prié un instant dans l'église, nous ferons une visite aux bons religieux qui gardent le sanctuaire; ils nous invitent gracieusement à goûter le vin de Cana, moins bon sans doute que le vin de miracle, mais très apprécié dans la circonstance.

A une distance de soixante à quatre-vingts mètres, se voit l'emplacement de la maison de Nathanaël, l'époux de Cana, aujourd'hui manqué par une chapelle bien proprette, de construction récente. Bien qu'on rappelle la guérison du fils de l'officier de Capharnaüm, ce souvenir plane cependant sur le village et il nous semble entendre la voix du Sauveur encourageant la confiance pour la récompenser.

Cana, considérée comme je l'ai vu ne manque pas de grâce ; mais, comme dans tous les villages de ces pays, les maisons sont basses, les toits en terrasses ou surmontés d'un dôme blanc, comme un œuf en renversé, et on n'a pas pris le temps ou la peine de niveler les rues qui sont irrégulières et suivent tous les accidents du sol.

Nous sommes à la dernière maison de Cana, nous n'avons qu'à continuer notre ascension ; la pente est rapide, aussi nous pouvons à notre aise, deviser, sommeiller, rêver ou examiner. À notre gauche, on nous fait remarquer sur la hauteur Nephoris la patrie de St Joachim et de Ste Anne. Bientôt nous avions atteint le plateau où s'étend une vaste plaine bien cultivée ; nous y apercevons encore quelques gerbes de sésame, c'est là que les disciples du Sauveur, ayant faim, prirent et froissèrent des épis pour en manger le grain, au grand scandale des Pharisiens. Nous avons ço encore ; les souvenirs profanes se mêlent aux souvenirs bibliques ; à notre droite, sur la hauteur, se trouve Loubieh où le général Junot se vit attaqué par des Mameluks et dut son salut à l'intervention de Kléber (1799) ; encore quelques pas et voici la plaine d'Hattine, si célèbre par la désastreuse bataille qui mit fin au royaume latin (1187) ; on aperçoit le ravin dans lequel furent précipités les malheureux croisés et qui devint un torrent de sang. D'autre part, c'est dans ces champs, un peu plus à l'Est, à un endroit marqué par quelques blocs de basalte que se trouve le lieu de la multiplication des pains. La plaine est limitée à l'Est par un plateau plus élevé dont les extrémités se terminent et remonte par une petite corne, d'où le nom de Kurn-Hattin donné à ce monticule. C'est sur la plate-forme que Notre-Seigneur fit le sermon sur la montagne, prêcha les huit Béatitudes et enseigna le Pater.

Tout à coup, vers le Nord-Est, un superbe dôme émerge d'un massif de nuages blancs : nous saluons le Grand Hermon sur les cimes neigeuses duquel le soleil, avant de prendre son repos, dépose un brûlant baiser. Dans la même direction, plus près de nous, Safet près de Nephtali a patrie de Tobie (1). À notre droite s'élève le sommet arrondi du Thabor ; vers le Sud, dans la brume apparaissent les monts de Moab ; vers le couchant, la longue chaîne du Carmel est devant nous ; à l'Est, les déserts de l'Hauran et les hauts plateaux de Galaad.

Nous sommes au point culminant de la montagne ; aussi la halte se prolonge. Encore un effort et nous pourrions une glisser sur la pente rapide vers Tibériade qui repose à nos pieds sur le bord du lac de Génésareth.

Génésareth ! Que de pages du saint Évangile nous rappelle ce nom ! En ce moment pas une barque sur la surface argentée des eaux ; le lac semble dormir d'un paisible sommeil au pied des montagnes déchirées qui l'encadrent. La voix des redoutables volcans qui ont vomi sur ses bords la noire lave s'est tue ; Bethsaïda, Capharnaüm autrefois si animées ne sont plus que des ruines où règne le silence des tombeaux ; la voix du Christ seule semble se faire entendre encore : le murmure du lac nous en apportera tout à l'heure un écho. Voici enfin Tibériade qui s'annonce par ses noires murailles démantelées, ses portes en lambeaux, ce n'est plus qu'un misérable ghetto aux rues informes et malpropres où pullulent les juifs. Nous ne faisons qu'y jeter un coup d'œil. En effet, à peine arrivés, après une visite à l'église franciscaine, nous montons sur la barque qui n'est plus celle de Pierre, mais qui nous portera sur les mêmes flots et vers les mêmes rives. Cette promenade a pour moi des charmes inoubliables. Le soleil s'inclinant derrière Kurn Hattin, le lac s'enveloppe d'ombre et de mystère ; les collines viennent doucement se baigner dans la mer et la colorent de diverses nuances. Nous voyons les pieds de l'Hattine où les lauriers roses inclinent leurs fleurs vers les eaux limpides, les oasis aux sources pures dont les ondes murmurent au milieu des rochers de la rive ; et voici devant nous *Medjel* où quelques palmiers s'élèvent pour nous annoncer que là fut le château de l'opulente pécheresse, le théâtre de la miséricordieuse bonté du Sauveur. La barque glisse toujours doucement ; nous pouvons plonger la main dans le lac et approcher de nos lèvres cette eau qui n'a rien de l'eau de mer : elle est douce et bonne à boire.

Ces bords sont si frais, les parfums qui nous arrivent sont si doux ! Nous voudrions fouler ce sol enchanteur, mais « les Bédouins sont là », nous disent nos rameurs. En effet, jadis ces bords étaient mal habités et nous voyons là-haut, sur la route, des bandes de gens déguenillés qui essaient de donner raison à nos arabes.

Nous avançons toujours. Plus loin vers le nord, un long ruban de verdure nous révèle l'embouchure du Jourdain ; à l'autre rive blanchissent quelques maisons, souvenir de Bethsaïda et de Capharnaüm ; et tandis que nous lisons le saint Evangile, nous approchons de Magdala. Des enfants se pressent sur la rive en poussant des cris, et quand les robustes épaules de nos gens nous ont portés de la barque sur la grève, nous sommes tout environnés d'un petit peuple qui nous tend la main. C'est là que Madeleine oignit de son baume et baigna de ses larmes les pieds du divin Maître. Alors tout était riant aux alentours, et à la place du voile de tristesse qui couvre ces ruines, Medjel était environné d'une brillante auréole de joie ; la pensée se reporte à ces temps heureux où le Seigneur bénissait ces villes devenues rebelles à sa grâce. La prière éclot spontanément au fond du cœur et un de nos hommes nous en donne l'exemple : il s'agenouille sur les galets, met sa tête dans ses mains, se prosterne la face contre terre, élève les yeux au ciel... pauvre noir !... Pour nous, nous prions Celui qui appela Madeleine aux labeurs de la pénitence et à la douceur de sa divine amitié.

La nuit tombe déjà, les étoiles scintillent, c'est le moment du retour. Nous virons de bord ; le vent qui ride la surface de l'eau nous est favorable ; on met à la voile, nous gagnons le large et nous glissons à toute vitesse vers Tibériade (1). La brise a fraîchi, la vague clapote sur les galets de la rive ; le lac fait entendre ce doux murmure que les anciens comparaient au son de la harpe ou du Kinnor, et en même temps la barque légère qui déchire l'eau le frémissante s'incline sur la surface et se joue sur l'abîme. Nous poussons un cri d'effroi, mais les rameurs qui se croisent les bras nous rassurent en entonnant des airs joyeux et, à notre tour, sous le beau ciel étoilé, nous chantons : *Ave, Maris Stella*.

Dans la demi lumière qui nous éclaire, le paysage prend une douce teinte de mélancolie qui s'harmonise avec le léger murmure des ondes, et en fuyant vers le port, nous méditons tant de paroles que Jésus fit entendre et tant de prodiges qu'il opéra en ces lieux bénis. Ici, tout parle de lui, nous avons hâte de répondre à son appel, il nous dit comme aux Apôtres qui abordaient un jour, comme nous : « *Venite, prandete*. Venez, prenez votre repas ».

Nous fûmes de nouveau chargés sur les épaules de nos rameurs qui nous déposent sur le quai comme de vulgaires colis en poussant un gros ouf !!! Et nous voilà sur le chemin de la petite église franciscaine où allait se donner le salut du Saint-Sacrement. C'est là que le Sauveur établit S. Pierre chef de son Eglise ; là, il nous dit comme à Pierre : « M'aimez-vous ». Il a tant de raison de douter de nous ! Du moins nous pouvons lui répondre que nous sommes venus baiser la trace de ses pas et respirer le parfum de charité qui s'est exhalé de son cœur et qui s'est répandu avec tant d'abondance dans les profondeurs de cette vallée. Si vous en avez le temps, vous relirez les délicieuses pages du Saint Evangile sur le séjour de Jésus en Galilée, vous y goûterez certainement quelque chose de la joie que nous avons recueillie à Tibériade et vous jugerez mieux de l'impression de paix que laisse une visite à ce coin si beau de la Galilée.

_____

(1) Le lac de Tibériade a 212 mètres de long dans sa plus grande largeur et de 6 à 8 m. de profondeur.

De fraternelles agapes nous réunissent à l'hospice franciscain, des toasts inspirés par la reconnaissance y célèbrent la cordialité franciscaine et la glorieuse Mission des fils de S. François dans les sanctuaires de Terre-Sainte. Près de moi, un pauvre pèlerin de la Pénitence, malade, épuisé de fatigue, souffrait après le repos; personne qui ne sentît le besoin de réparer ses forces. Mais comment trouver un peu de sommeil? la chaleur, même le soir, est accablante, on s'étouffe comme dans une atmosphère de feu, vraie étuve que cette vallée creusée à plus de deux cents mètres au-dessous du niveau de la mer! De plus, un proverbe arabe dit que c'est dans la ville sainte de *Tibériade* que le roi des puces tient sa cour; qu'allons-nous devenir? Mais quelquefois les proverbes sont menteurs; pas d'hôtes désagréables dans notre chambrette; à peine quelques moustiques tenus à distance par la moustiquaire aux mailles serrées. D'ailleurs la nuit sera courte; en effet, longtemps avant l'aube, la voix du *muezzin*(1) se fait entendre au minaret voisin. Cette voix limpide, dans le silence et le calme de la nuit me rappelle le timbre argentin de nos Savoyards roucoulant au haut de la cheminée leur petite chansonnette, mais la chanson du *muezzin* se prolonge outre mesure, peut-être pour contrarier les *hadji* arrivés la veille, peut-être pour leur donner une aubade. C'était d'ailleurs à peu près l'heure du lever et nous allâmes célébrer la fête de la Nativité de la Ste Vierge dans la petite église dédiée à S. Pierre.

Le soleil n'avait pas encore paru à l'horizon que nous étions déjà à la porte ruinée de la vieille ville. Nous avions hâte de quitter les vieux juifs sectaires et fanatiques qui nous faisaient peur et surtout de retrouver nos beaux sommets avec les vastes horizons. Nos voitures ne tardent pas à nous rejoindre; nos chevaux tout frais grimpent les rampes de l'Hattine en

faisant voler de leurs sabots les cailloux de basalte. Les sinuosités de la route nous permettent de voir quelque temps encore la nappe argentée qui s'étend à nos pieds et dans laquelle se mirent des multitudes d'oiseaux. Quand nous arrivons sur le plateau, le lac disparaît, nous ne lui disons pas adieu. Mentalement nous revenons à nos souvenirs évangéliques des Béatitudes, dont vient nous distraire le spectacle de quelques pâtres qui ont dressé dans les champs leurs noires tentes de peaux de chèvres et veillent à la garde de leur troupeau de buffles ou de moutons.

En deux heures, nous étions à *Loubieh*. Là, des chevaux, des mulets, des ânes paissaient à travers champs; c'étaient des montures mises à notre disposition pour une chevauchée. Chacun fit son choix selon son goût ou ses aptitudes; la plupart, cavaliers improvisés, passant du cheval à l'âne, de l'âne au mulet, sans savoir à quoi se décider. J'avisai un petit baudet; « *Buono?* », dis-je au moukre qui le tenait par la bride. « Si, si, *Buono* », me répondit le patron, avec mille protestations en faveur de sa bête. Je m'engageai, sans remarquer que des planchettes taillées au couteau servaient d'étrier, que les courroies étaient d'humbles ficelles de longueur inégale et que je m'étais condamné à passer ma route à chercher mes étriers et à résoudre perpétuellement un problème d'équilibre. Heureusement, maître Alboron n'était pas vicieux, pas têtu, mais doux et docile... j'enfourchai, et me voilà à trottiner comme les autres, à travers les sentiers. Nos baudets à la queue leu leu se piquent d'émulation et se disputent l'étroit chemin tracé au milieu de deux lignes d'énormes chardons ligneux desséchés, aux pointes acérées. J'étais occupé à résoudre mon problème, pour éviter à la fois une chute humiliante et désagréable et pour ne pas me déchirer aux épines, lorsqu'un ami, homme de bon sens et d'expérience m'enseigna son spécifique: « Regardez toujours entre les deux oreilles », me dit-il. La recette réussit peut-être en Belgique, mais, une minute après, une pirouette de l'aimable confrère m'apprit qu'elle n'est pas toujours efficace en Palestine. Je poussai un cri d'effroi, mais ici, les chutes

(1) Le muezzin est le ministre du culte musulman, chargé d'avertir à la prière; certaines heures marquées en vous les appellent, du haut de la galerie du minaret dont ils sont munis. Les musulmans détestent les cloches parce que les chrétiens s'en servent.

se font si a froidement et si délicatement qu'elles sont sans gravité. Je continuai à chercher très difficile et à suivre ma route. Rien d'attrayant dans cette plaine qui sépare Loubieh du Thabor; il faudrait la voir avant la récolte, avec ses blés en fleur ou courbés sur au soleil de mai. Quelques vallées où croissent de rares chênes verts mettent un peu de variété dans le paysage, mais pas d'autre construction que Souk-el-khan, qui a tout l'aspect d'une forteresse et qui n'est cependant qu'une espèce de caravansérail à l'usage des caravanes venant d'Égypte; nous nous contentons de le regarder de loin. De temps en temps nous rencontrons quelques arbres où nos montures ont hâte d'aller chercher de l'ombrage, au dépit des efforts du cavalier et au risque de laisser sa coiffure suspendue au feuillage, ou bien encore une fontaine où la tête altérée se précipite. Encore un peu, et nous commençons l'ascension; le sentier est rapide, tracé souvent sur le rocher et à travers les broussailles; heureusement nos mulets ont le pied sûr; le rocher glissant, les cailloux roulants, rien ne trouble la régularité et la sûreté de leur marche, à chaque instant on se heurte à quelque roche, ou un rameau téméraire vient vous cingler le visage, mais ce ne sont que petites caresses; nous nous consolons en reposant nos regards sur les charmantes fleurs qui bordent le chemin. Quant aux animaux qui hantent ces parages, on dit qu'autrefois on y voyait des chacals, des sangliers, voire même des hyènes, puisqu'on tua un de ces terribles carnassiers en 1807, mais, aujourd'hui, rien de tout cela; nous arrivons sans encombre à la plate-forme qui couronne le Thabor, à 835 mètres au-dessus du niveau de la mer. À l'extrémité méridionale du plateau s'élève l'hospice franciscain et la chapelle qui marque le lieu de la Transfiguration.

C'est là qu'un vert et vaillant vieillard des nôtres célèbre la Sainte Messe, plus d'une fois il nous a intéressés par le charme de sa conversation et ses toasts pleins d'à propos, nous a charmés par ses propos toujours aimables, instruits dans une conférence aussi simple que bien pensée; il nous édifie encore par son empressement à célébrer au Thabor la messe du pèlerinage. Le plus jeune du groupe lui succède à l'autel, juxtaposé au courage et de la piété du plus ancien. Le P. Barnabé, notre évangéliste de Cuza et du Prince Georges, préside le repas, fait à lui valoir tout et les honneurs de sa maison et il n'est pas moins charitable lorsqu'il nous expose l'histoire du Thabor, de ses forteresses, de ses transformations. Il fait parler les ruines, les flots de roseaux, les charriveaux, les portes ou règnent et nous laissons que conquérir leur langage. Nous... nous transportons à ce jour où, en ce lieu, le Sauveur apparut à trois de ses apôtres, transfiguré, splendide, avec des vêtements d'une blancheur telle que nul n'aurait... la surprise ici; c'est ce que retentit la voix qui proclame Jésus fils du Père éternel. Une lumière éclatante plus que tout ailleurs semble couronner ce mystérieux comme dans une brillante auréole; l'air est d'une pureté sans égale et les arômes des plantes de la montagne s'unissent... l'éclat... on sent le voisinage du Ciel.

Mais aussi quel panorama! Je voudrais vous tracer cet incomparable tableau. C'est toute la Galilée qui se déroule autour de nous. Devant nous, à l'Est, les déserts de l'Hauran, les hauts plateaux de Galaad et plus loin les montagnes de l'Arabie Pétrée; au nord, la crête blanche de l'Anti-Liban et du Grand Hermon, et plus près de nous, d'abord la colline où est assis Safet, puis, les sommets de la montagne d'Hattin au pied de laquelle s'étend une charmante partie du lac de Génésareth; au Sud, le petit Hermon à la racine duquel dorment les masses grisâtres d'Endor où Saül consulta la pythonisse et de Naïm où Jésus ressuscita le fils de la veuve; un peu plus loin vers l'Ouest, les plateaux de Moab qui dominent la mer Morte; tout au couchant, les chaînes de Juda, le long rempart du Carmel et à travers une échancrure de cette chaîne, un petit coin de la Méditerranée; enfin, au centre de ce féerique tableau, la ravissante vallée d'Esdrelon, et le Cison qui sillonne le champ de bataille où Débora et Barac défirent Sisara et les Madianites.

Bonum est nos hic esse, c'était le cri des Apôtres en présence de la belle lumière qui les inonda, c'est aussi le nôtre; il fut bon ici; la beauté de ce site, les souvenirs qu'il rappelle, le reflet de gloire dont il semble resplendir encore, tout nous fait désirer d'y prolonger notre séjour; mais déjà mes compagnons de route se succèdent sur la pente; je dois me hâter à leur poursuite, glissant sur le rocher poli ou sur l'herbe desséchée, me retenant aux broussailles vertes des chênes pour ne pas aller plus vite que le pas. En quelques minutes, j'étais au pied du Thabor, à peu de distance de Dabourieh, où neuf des Apôtres avaient attendu leur Maître pendant la scène de la Transfiguration.

En attendant que nos montures viennent nous rejoindre, des oliviers touffus chargés de fruits verts nous prêtent leurs ombrages; un instant après, la caravane est en marche et nous chevauchons par monts et par vaux vers Nazareth. Après deux heures et demie, nous arrivions en vue de la petite cité; déjà le soleil s'incline vers l'horizon et les maisons grises au fond de la vallée commencent à entrer dans l'ombre; seule, la flèche de l'église francis-caine se dore encore des derniers rayons de l'astre du jour. De plus en plus nous nous enfonçons dans cette ombre, à travers d'épais buissons de cactus, dans un sentier ou plutôt un fossé poudreux qui nous conduit jusqu'à la plaine. De là, à notre hôtellerie, il n'y a qu'un pas... Nous donnons congé et bacchich à notre moukre qui s'en va radieux et nous pouvons nous reposer, puis faire à la crypte de l'église, en ce moment silencieuse, recueillie, mystérieuse, à la lueur des lampes du sanctuaire, notre prière du soir. La cloche argentine tintant l'*Angelus*, il est si doux de le réciter en ce lieu! Et *Verbum caro factum est....Ave Maria!* On ne se lasse pas de le redire et chaque fois ces paroles apportent à l'âme un nouveau parfum de joie et d'amour.

Au moment où j'allais m'éloigner, arrivent à leur tour les pèlerins de la « Nef du Salut »; la France est là bien représentée par trois cents pèlerins : le diocèse de S. Claude en compte cinq. Autour de nous se groupent aussi les communautés religieuses. Il faut bien vous le dire, en arrivant ici, nous avons rencontré toute une colonie française; les premières à l'entrée de la ville, les Filles de la Charité se montraient heureuses de saluer des compatriotes; un peu plus loin, ce sont

les sœurs de S. Joseph, les Dames de Nazareth, les Dames de Sion, les Clarisses; elles sont là, apportant mieux que la civilisation allemande, les progrès de l'industrie ou la richesse matérielle, mais la vraie charité catholique qui atteint les âmes et les conduit à Dieu. Que c'est touchant de voir ces Anges de la divine miséricorde auprès des malades et des affligés! Je les ai vues à l'infirmerie pansant les plaies hideuses, essuyant les blessures, administrant les remèdes, non pas à dix ou douze malheureux, mais à cinquante, soixante; ne vous en étonnez pas, on rencontre ici des infirmes à tous les coins de rue, au vestibule de l'église, sur le bord des chemins, partout des paralytiques, des boiteux, des aveugles, etc. Il en était ainsi au temps de Notre-Seigneur; alors, ils se pressaient sur ses pas et son cœur en avait pitié; aujourd'hui il confie à ses disciples le soin de guérir et verse dans leur cœur la même charité compatissante qui le faisait s'incliner vers ceux qui sont dans la peine et qui souffrent.

Les Clarisses prient; les Filles de la Charité s'occupent des orphelins; les Dames de Nazareth enseignent les jeunes Nazaréennes, leur donnent une éducation plus soignée. Pour les garçons, il y a aussi des œuvres également florissantes; ainsi les Frères des écoles chrétiennes luttent avec avantage contre le protestantisme qui tend à envahir et qui s'implante par le moyen des écoles; les Salésiens de D. Bosco sont venus également apporter leur concours à l'œuvre catholique.

Tous ont droit à notre admiration et nous ne pouvions quitter Nazareth sans donner un témoignage de sympathie à ces vaillants champions de la foi et de la civilisation chrétiennes. Avec quelle joie ils nous accueillent! on dirait que c'est le pays qui vient à eux et notre présence renouvelle leur courage.

Une dernière fois, nous nous réunissons à la *Casa nova*. Un de mes vénérés confrères laissa tomber de son cœur quelques bonnes paroles de reconnaissance et de sympathie pour nos bienveillants hôteliers. Comment oublier l'aimable directeur de la maison, ce bon P. Jean qui se fait tout à tous, toujours affable, prévenant, toujours prêt à donner un renseignement, veillant à ce que rien ne manque à ses hôtes ! Vive le Père Jean !

Tout le monde applaudit chaleureusement et chacun reçoit avec bonheur la charmante médaille que distribue le Révérend Père, ce sera un pieux souvenir du sanctuaire de l'Annonciation, de la Casa nova et de la délicieuse hospitalité du P. Jean.

Je vous quitte, et me hâte de me rendre à l'entrée de la ville où sont nos voitures, de peur d'avoir à disputer ma place à quelque pèlerin plus alerte et plus habile ; quand même, je vais faire mes adieux à la sainte Vierge et lui dire un dernier *Ave* dans sa sainte maison. Ce soir, nous serons à Caïffa, d'où ma lettre vous portera quelques fleurs de la Galilée et surtout, je l'espère, un bon parfum de Nazareth. A bientôt.

SEPTIÈME LETTRE

Caïffa. — De nouveau le « Prince Georges » — Jaffa. — En route pour
Jérusalem. — « Lætatus sum — A travers la ville Sainte. — Entrée
au Saint Sépulcre. — Le tombeau du Sauveur. — La Pierre de
l'onction. — Le Calvaire. — L'épée de Godefroy de Bouillon.

Jérusalem, 11 septembre 1899.

Nous voici à la ville sainte, *El-Kods*, le
terme de notre pèlerinage. Nous quittions
Nazareth samedi vers midi par un temps
magnifique : des bouffées d'air brûlant
viennent de temps en temps durant la
route, nous rappeler les actions de grâces
que nous avions à rendre au vent du nord
qui nous apportait la fraîcheur des montagnes. Vous connaissez maintenant la
route de Caïffa, nous ne la quittons que
pour faire quelques excursions à travers
champs, à la recherche d'un abreuvoir ;
les pèlerins de la *Nef du Salut* qui nous
ont devancés ont mis les réservoirs à sec,
ce qui nous oblige à des courses folles
dans les terres molles ou dans les grandes
herbes, mais nous nous vengerons en recueillant leurs cavaliers désarçonnés. Je
ne vous dis pas ce que nous avons à souffrir de la soif : quelques fruits des vergers
du Thabor rapportés comme souvenir suffisent à nous désaltérer et nous arrivons
sains et saufs à Caïffa. Il nous restait encore assez de jour pour visiter la ville,
nous n'y trouvons du reste rien de remarquable : le vieux Caïffa conserve ses cou-
tumes orientales, tandis que la colonie
allemande installée depuis 1870 à l'extrémité de la ville se développe et introduit
les habitudes européennes. En allant sur
le bord de la mer, je remarquai une porte
modeste surmontée d'une croix ; j'eus la
pensée de faire une visite à la communauté française qui occupe le gracieux
établissement. Je me trouvais chez les
Dames de Nazareth. Je n'ai pas à vous
dire l'accueil bienveillant qui fut fait à un
pauvre pèlerin blanchi par les ans et par
la poussière du chemin et écrasé par la fatigue ; mais bien volontiers je vous décri-
rai la charmante oasis où j'ai passé avec
bonheur quelques instants.

Il était si bon de se reposer là des fati-
gues de la route, au milieu d'un frais jardin où des canaux répandent une eau ondu-
dante, à l'ombre des grenadiers couverts
de leurs fruits, des lauriers-roses parfumés,
des palmiers auxquels pendent d'énormes
régimes de dattes roses ou dorées : on se
prend à trouver Caïffa un petit paradis
terrestre. Après avoir humé la brise qui
vient de cette mer dont on entend les flots
battre la grève, nous nous rendons chez
les PP. Carmes où la table est dressée. Au
vestibule, les Filles de Charité paraissent
traiter de graves questions avec quelques

indigènes. Il y a là, devant eux, une jonchée de pièces d'or devant laquelle se pressent ces lignes d'Arabes ; une religieuse compte, distribue l'or, donne ses ordres avec une autorité que personne ne conteste : c'est la conclusion d'un marché. Réservées les sœurs de St-Vincent de Paul ayant une maison à Caïffa ; actives, généreuses, dévouées, elles vont se mettre à l'œuvre.

Le cour parvis de l'église nous sert de salle à manger, et nous... nous quittons aussi consciencieusement que possible de notre devoir, pendant que sur les terrasses voisines des sentinelles de curieux dévorent du regard les gens et les mets. Enfin nous allons chercher notre gîte. Comme les communautés diverses se sont partagé l'honneur de loger les pèlerins, les uns courent, en soulevant la poussière, dans la direction du Carmel, les autres, à l'Hospice allemand des Religieuses de Saint-Charles. Là, on est français par le cœur ; les meilleures... de la maison sont réservés pour les hôtes ; les rafraîchissements sont servis avec une cordialité qui en augmente encore le prix, et la nuit est des meilleures.

À deux heures du matin, nous étions à la petite chapelle pour y entendre la sainte messe (c'était dimanche), et quelques instants après, nous reprenions notre chemin... au milieu de l'obscurité de la nuit. À Caïffa, tout est encore endormi, silencieux comme un désert. Nous avons hâte d'arriver, car il s'agit d'embarquer.

Hélas ! pas de bateau dans la rade. Force nous est de demeurer chez les Carmes ; quelques-uns y retrouvent leur gîte de la nuit, d'autres se paient en quelque coin, sur un banc, sur une chaise, n'importe où, un supplément de sommeil ; les autres, plus pieux, mieux avisés, s'en vont à l'église, entendre une seconde messe, réciter une prière et édifier les bonnes gens qui arrivent à l'église paroissiale dès la première heure du jour.

Enfin, un sifflement se fait entendre. Partons ! Déjà les rues sont encombrées, les portefaix se heurtent aux passants et ont peine à traverser le marché ; nous côtoyons la foule dans les couloirs étroits, recueillant de notre mieux les bagages en détresse, et nous approvisionnant pour la

traversée. Appuyés sur quelques... nous attendions au port le moment du départ ; les barques sont là et en un clin d'œil, nous embarquons.

L'anti-le-tire ? C'est le *Prince Georges* qui nous conduira à Jaffa (1) ; dès le premier mouvement, il ne paraît pas mieux équilibré que la première fois et les malheureux passagers s'emportent jusqu'à dire que « c'est un mauvais petit sabot » voire même « qu'on y est secoué comme dans un panier à salade ». Vains reproches, le malheureux *Prince Georges* continue à marcher son train. Une bonne sœur, plus habituée à distribuer la... que les cordiaux, prodigue les petits verres. Luttes inutiles, il n'y a qu'à attendre la fin. On s'en va donc cahin-caha ; on voit en passant l'ancien *Castellum Peregrinorum*, bâti pour les pèlerins par les Templiers sur l'emplacement de l'antique *Sycaminum* ; ce n'est aujourd'hui qu'un monceau de ruine appelé *Athlit* ; plus loin, à l'endroit où finit la chaîne du Carmel, *Tantourah*, puis Césarée nommée dans les Actes des Apôtres. Nous longeons la vaste plaine de Saron, et bientôt, devant nous, nous voyons apparaître sur une colline une masse blanche qui resplendit au soleil... Patience ! il nous faut encore près de deux heures avant de la voir se dessiner à nos regards. Enfin, les formes s'accentuent ; d'abord, dans la campagne, se détachant sur la verdure, une sorte de minaret nous indique... maison de Tabithe, la pieuse veuve... ressuscita St Pierre, puis des maisons échelonnées sur la pente, éclairées par un splendide soleil, se séparent peu à peu les unes des autres, c'est bien *Yapho*, comme on l'appelle, un observatoire de joie.

L'ancre est jetée, les barques approchent bientôt, les amis arrivent : les PP. Franciscains, M. l'aumônier de l'hôpital Saint-Louis, les Frères des Écoles chrétiennes sont là, nous souhaitent la bienvenue. Mais comment nous confier à cette mer perfide ! Encore on nous raconte que le

---

(1) ...

20 décembre 1897, par un mauvais temps, des rameurs téméraires ont manqué la passe et se sont brisés contre les rochers; il y avait là une pauvre famille italienne, la mère et deux enfants ont été ensevelis sous les flots. C'est peu encourageant, mais hier, la mer était d'huile, nous pouvions tenter le débarquement. En réalité, il n'y avait aucun danger et en un instant nous accostons. Il fallait ensuite gravir des rues tortueuses, escalader des monticules, franchir des escaliers pratiqués dans la pente rapide; enfin, à force de marcher, de souffler et de suer, nous arrivons. Depuis deux heures, le déjeuner nous attend, mais le chemin de fer est parti à son heure; nous allions être de Jaffa durant la nuit et recevoir une hospitalité improvisée. Mais nous n'aurons que mieux l'occasion d'admirer la charité qui nous accueille. Hospice St-Louis, Franciscains, Frères des Écoles Chrétiennes rivalisent de bienveillance fraternelle. A St-Louis (1), les Sœurs de St-Joseph, sous la direction de leur charmant aumônier, nous reçoivent à une vaste table de famille et font le service avec une grâce et une exactitude parfaite. Quant aux Pères Franciscains, on sait quelles sont leurs traditions hospitalières; chez les Frères des Écoles chrétiennes, j'ai trouvé aussi la cordialité qui réjouit l'âme et donne du courage.

Peu de chose à voir à Jaffa. D'abord, on n'y voit plus l'arche de Noé qui fut construite avec les cèdres d'Hiram, roi de Tyr: les montagnes d'Arménie n'en conservent peut-être pas même des débris; il n'en reste ici que le souvenir. Le nom de la ville rappelle son fondateur Japhet; sa rade si dangereuse nous fait penser à Jonas qui s'y embarqua pour Tharsis, à Judas Machabée qui détruisit le port et brûla la ville, mais surtout à St Pierre qui y fit un de ses plus grands miracles. Le Fr. Benoît nous conduit à travers les ruelles malpropres qui se croisent en tous sens, nous fait remarquer à chaque pas les arceaux gothiques, témoignage de l'importance de l'antique Joppé, et nous arrivons à la maison de Simon, le corroyeur.

(1) L'Hospice de S. Louis à Jaffa est dû à la généreuse charité d'un Lyonnais, M. François Laurent.

Bien simple et bien modeste, cette mosquée souvenir du passage du chef de l'Église; c'est plutôt une habitation vulgaire, une salle carrée de 8 à 9 mètres de développement, avec un pavement à la chaux recouvert d'une natte. Un mihrab sans ornements indique seul un sanctuaire de l'islamisme. A l'extérieur, un escalier de pierre étroit, rustique, conduit à une terrasse; si nous n'avons pas la maison de S. Pierre, nous voyons du moins sûrement ce que l'Apôtre contempla, une mer plus bleue que le ciel, les flots écumants sur les récifs, la colline couverte de blanches villas et baignant son pied dans les eaux. Nous évoquons encore le souvenir de la vision merveilleuse concernant la vocation des Gentils, de la caravane qui arriva de Césarée pour y conduire le chef de l'Église, puis nous donnons un regard à l'église franciscaine, au couvent qui l'avoisine. C'était l'heure du Salut, de la prière du soir et du repos.

Le lendemain, des longtemps avant l'aube, des pas nombreux et pressés, des voix confuses, des cris d'animaux se font entendre; il y a autour de nous de l'agitation, du tumulte, quelque chose d'insolite... c'est une caravane qui se rend à quelque sanctuaire de l'islam. Adieu le sommeil; d'ailleurs, à ce moment, déjà, les autels sont assiégés et chacun fait ses préparatifs de départ.

Le rendez-vous était fixé à six heures et j'avais oublié que la gare était à l'extrémité de la ville, il me fallait donc mettre bien vite sac au dos et faire diligence. Déjà les chiens qui pullulent ici comme à Constantinople ont balayé la rue, les fumeurs de narguileh commencent à se ranger en longues files, accroupis devant leurs maisons, les marchands affluent sur la place publique... mais passons, le temps presse, la machine siffle... siffle encore, les voyageurs se précipitent... Enfin me voici en gare.

Le quartier est tout moderne, je suis en présence d'un long bâtiment à toits de tuiles rouges, absolument comme une vulgaire station de Paris-Lyon; des wagonnets légers, récemment vernissés, parfaitement ajourés reluisent au soleil; en avant, une locomotive minuscule vomit des nuages de noire et épaisse fumée; des voyageurs courent de çà et de là ; des marchands se promènent sur les quais offrant leurs charmants paniers de raisins savoureux ou de figues et de dattes fraîches : telle est la station à six heures du matin. Nous prenons nos places et presque aussitôt la masse s'ébranle, nous voilà lancés sur la voie de Jérusalem.

Derrière nous fuient les vignes plantureuses où pendent encore de volumineuses grappes dorées, les jardins clos de verts cactus aux feuilles grasses portant leurs figues rougeâtres, puis ce sont des bosquets ou plutôt des forêts d'orangers aux larges feuilles avec leurs pommes qui se préparent à jaunir, des grenadiers couverts de leurs fruits rouge de sang, des citronniers, des mûriers, etc., tout cela dominé par des palmiers qui portent à perte de vue leurs riches régimes. Nous apercevons de nouveau la maison de Tabith ; la plaine de Saron s'étend devant nous avec ses chaumes et çà et là ses oasis de verdure. Bientôt nous avons franchi l'espace qui sépare Jaffa de Lydda notre première station. Notons en passant un souvenir des premiers temps du christianisme ; à Lydda, l'ancienne Diospolis, la patrie de S. Georges, S. Pierre guérit le paralytique Enée. A Ramleh, patrie de Joseph d'Arimathie et de Nicodème, on nous montre à droite une haute tour quadrangulaire désignée sous le nom de Tour des quarante martyrs, s'agit-il des martyrs de Sébaste ou des musulmans massacrés en cet endroit ? Je ne sais. Plus loin, sur la hauteur à quelque deux lieues vers le sud, un établissement juif, fondation de Rothschild ; encore une station, Sedjed, nous voici dans la vallée de Sourar ; nous franchissons un torrent desséché, et pendant que nous avançons, on appelle notre attention vers le nord : nous apercevons sur la pente de la montagne, Sarâa, la patrie de Samson, et être cette ville et Esthaol, plus au nord, le tombeau du fameux juge d'Israël ; nous traversons la plaine où il enchaîna trois cents renards. Pendant que nous réveillons ces souvenirs bibliques, une voix puissante nous invite à porter nos regards d'un autre côté : un chacal s'enfuyait à toutes jambes à travers la plaine. Depuis l'époque de Samson, cette race de renards n'a pas cessé d'abonder en ces contrées. De ce même côté se trouve Bethsamès où les Philistins ramenèrent l'arche d'alliance que les Bethsamites ne tardèrent pas à reconduire à Cariathiarim qui se cache derrière les montagnes, au nord. Nous aurons bientôt là une colonie française, les Religieux Bénédictins de la Pierre qui vire ont reçu Mission du Souverain Pontife d'y fonder une maison de leur Ordre. (1)

Désormais nous voici dans les montagnes ; le chemin de fer serpente dans la gorge étroite et profonde ; de chaque côté les parois deviennent de plus en plus abruptes ; çà et là seulement les pentes s'adoucissent pour faire place à quelques gourbis groupés autour d'une source ou creusés dans la roche comme des tombeaux. A mesure que nous avançons, le pays devient plus désolé, les courbes plus accentuées, l'aspect plus sévère. Enfin tout à coup, des champs, des jardins en terrasse, de la verdure, de la vigne, des figuiers, des oliviers et, presque au bas de la colline, une source vive verse ses eaux fraîches et féconde ce petit coin de terre connu sous le nom de Bittir ou Bettir. Au temps de l'Empereur Adrien, le torrent creusé à nos pieds roula des flots de sang, disent les Traditions Talmudistes, c'est sur ces pentes que furent massacrées les armées fanatiques du faux Messie Barcho-Kelos.

La vallée s'élargit, mais aussi les terres deviennent plus arides, le sol prend un aspect plus désolé ; à notre droite, sur la montagne, la masse imposante du couvent grec de Ste Croix, où les moines gardent fidèlement le lieu où fut coupé le bois de la vraie Croix du Sauteur ; devant nous des toits aux tuiles rouges, constructions russes récentes qui font contraste avec la teinte générale du paysage environnant et tache dans le tableau. De loin, commencent à surgir des coupoles et des minarets. Lætatus sum in his quæ dicta sunt mihi, in domum Domini ibimus : Je me suis réjoui à la nouvelle qui m'a été an-

---

(1) Le gouvernement français a donné aux Bénédictins l'église de S. Jérôme, un bel édifice qui depuis longtemps servait d'étable. La population de Kariet-el-Enab est musulmane, mais assez bien disposée.

noncée, j'irai dans la maison du Seigneur. Autrefois, arrivé en vue de Jérusalem, le pèlerin descendait de cheval et, prosterné, entonnait le pieux cantique. Aujourd'hui nous le chantons, en contemplant, les yeux mouillés de larmes, la cité sainte qui qui nous apparaît comme une vision du ciel.

Jérusalem ! Jérusalem ! Ce cri jeté aux portières par tous les employés pour annoncer que l'on a stoppé, nous semblerait une profanation ; nous ne l'entendons pas, peut-être à cause de l'assourdissant vacarme qui accueille notre arrivée ; les forbans de Jérusalem ne le cèdent pas à ceux de Smyrne ; ceux-ci opèrent en barque, ceux-là sur le continent. Voilà toute la différence. On se dispute nos bagages qu'on nous arrache des mains, on se dispute nos personnes qui se trouvent transportées presque à leur insu sur des voitures qui nous emportent dans une course folle jusque vers les murs de la cité ; nous longeons les remparts vers le nord ; nous passons entre les superbes monuments de l'hôpital St-Louis et de N.-D. de France d'un côté et de l'établissement des Dames réparatrices de l'autre, et nous voilà à la Porte-Neuve (*Bab el-Jedide*).

On le sait, en Terre-Sainte, il y a un Ordre religieux qui a la mission spéciale d'assister les pèlerins ; nous l'avons rencontré à Nazareth, mais il a son centre à Jérusalem où réside le *Custode* de Terre-Sainte. Ce religieux a la charge de veiller sur les Lieux Saints, d'en défendre la propriété contre tout empiétement ; c'est lui qui est à la tête de tous les hospices, pourvoit à la garde et au service de tous les sanctuaires. Dans la ville sainte, il porte le titre de gardien du Mont Sion et du Saint Sépulcre et réside dans un couvent appelé de St-Sauveur (1). C'est près de celui-ci que se trouve *Casa Nova*, notre hôtellerie. Les bons Religieux qui sont venus avec empressement à notre rencontre nous souhaitent la bienvenue, servent de guides à la petite caravane, sur les pentes du *Gareb*. La rue est étroite ; les maisons qui la bordent basses et pauvres, les gens que nous rencontrons, sympathiques, on dirait même des amis qui viennent vous serrer la main ; on demande des nouvelles de notre voyage, de notre santé, bonnes gens, au fond, grands enfants, ces chrétiens de Jérusalem, il faut leur pardonner de trouver à ces démonstrations quelque motif d'intérêt.

Lorsque la pente devient plus forte, le chemin est taillé en escalier aux larges marches pavées ; nous descendons ainsi quelques minutes et nous sommes au but. D'abord, un grand divan nous réunit tous, puis, après les premiers échanges de salutations, a lieu la distribution des cellules, ou plutôt chacun se choisit son gîte. La chambre qui m'est échue et d'où je vous écris ces lignes se trouve au *quarto piano* (4e étage). De ma fenêtre, mon regard se repose sur une gracieuse guirlande de monts arrondis et délicatement festonnés sur l'horizon, c'est le mont des Oliviers ; à ma droite, au-dessous de moi, se développent les coupoles du St Sépulcre ; à gauche, c'est la mosquée d'Omar avec sa grande coupole ; je puis aussi plonger dans la vallée de Josaphat, assez pour apercevoir les coupoles du couvent russe qui domine le jardin de Gethsémani ; enfin tout un quartier de Jérusalem s'étend devant moi ; voilà un tableau gravé pour jamais dans mon souvenir.

J'ai vu la ville assez déjà pour vous en donner une petite esquisse. Elle est construite sur deux rangées de montagnes ; une à l'Orient qui comprend les monts Bézétha, Moriah et Ophel, l'autre à l'Occident se composant des monts Gareb, Acra et Sion. Ces monts forment divers quartiers ; Bézétha est occupé par les Musulmans ; les chrétiens occupent Gareb ; les Arméniens, le mont Sion ; les juifs sont dans la vallée qui sépare les deux rangées de montagnes, au sud-est de la ville, groupés autour des ruines de leur ancien temple.

A distance, toutes les maisons paraissent adhérer les unes aux autres, pas de rues, dirait-on, pas de jour, excepté du

---

(1) Le titre de gardien du Mont Sion lui vient de ce qu'autrefois le Mont Sion, par le culte latin et que le Custode y avait son siège, comme il, sera ci-après expliqué. Les Religieux du couvent qui avait leur demeure (le Custode y mit sa garde) que son titre et les privilèges du Custode passèrent à l'Eglise de St-Sauveur.

côté du Moriah, autour de la mosquée d'Omar : c'est une masse compacte, avec des terrasses, des quantités de coupoles blanches à la chaux, presque pas de monuments saillants, pas de places publiques; de loin, pas de traces de vie, la ville paraît dormir sous un linceul.

Si nous parcourons les divers quartiers, nous ne trouvons que des rues grimpantes souvent en escalier, resserrées entre des rangées de couvents massifs ou de maisons basses aux murailles sans ouvertures ou des fenêtres à peine percées et, çà et là, des moucharabies, des balcons fermés de grilles ; ajoutez à cela des maisons à cheval sur la rue, des voûtes qui font l'effet de longs tunnels, des nattes qui courent d'un côté de la rue à l'autre, vous aurez une idée de ce qu'il y a de sombre, d'attristant dans le spectacle d'une rue de Jérusalem. Dans les quartiers commerçants, il ne faut pas chercher un plus grand luxe de lumière et de propreté ; le long de notre chemin s'ouvrent, de chaque côté, des boutiques, espèce de hangars, pratiqués dans la partie antérieure de la maison et, au fond, derrière son étalage, le marchand accroupi et comme collé à son banc, attendant sa clientèle. Étoffes, tabac, pâtisseries, glace, légumes, fromage, fruits, huile, graisse, viande de boucherie sont étalés dans un pêle-mêle dégoûtant. Sous les pieds, on foule les débris de toutes les marchandises; peaux de melon, figues pourries, légumes gâtés; on glisse à chaque instant sur ces détritus malpropres. On coudoie aussi toutes sortes de gens. Là, on rencontre l'arabe en longue robe rayée multicolore avec le fez traditionnel, le juif crasseux avec ses cheveux en papillotes, les femmes ensevelies dans de grands voiles blancs qui descendent jusqu'aux talons, d'autres, des musulmanes, avec une toilette gracieusement suspendue par un fil qui, s'attachant derrière la tête, traverse à la base du front, un tube de bois ou de métal pour rejoindre le nez et de là laisser tomber le sombre treillis jusqu'au bas du visage; on voit aussi des toilettes européennes, mais en petit nombre ; tout ce monde se presse, se heurte, se choque; encore souvent faut-il se garer au passage des ânes, les montures qu'on rencontre le plus ordinairement dans les rues. Pas de

chameaux : des tiges de fer, placées à une certaine hauteur leur barrent le passage ; cette mesure est nécessaire pour prévenir l'encombrement et les accidents. Je ne parle pas du quartier juif, c'est tout ce qu'on peut imaginer de plus sordide et on ne le traverse guère sans être obligé de se boucher le nez, mais passons...

A notre arrivée à Jérusalem, nous avons des devoirs à remplir : d'abord, à visiter le Révérendissime Custode qui nous reçoit au Saint Sépulcre ; l'entrevue est des plus cordiales, et nous avons une fois de plus l'occasion d'admirer la charité franciscaine ; de la Custodie, notre vénéré directeur nous veut conduire au consulat français. M. le Consul général est absent; néanmoins, l'accueil est fort courtois, M. le Chancelier nous assure la protection de la France.

Désormais, nous avions à Jérusalem en quelque sorte droit de cité et nous pouvions agir en pèlerins. Aussi, le soir, vers cinq heures nous nous rendîmes processionnellement de Casa Nova à l'église du Saint Sépulcre. Un cawas du consul, chamarré d'or et, la canne au pommeau d'argent à la main, ouvrait la marche; la bannière de S. Louis, notre patron, suivait, puis tous les pèlerins chantant des hymnes et des cantiques ; le sublime entraînante de « Catholique et français toujours » est enlevé avec enthousiasme, les rues et les voûtes de la basilique retentissent de ces accents inspirés par le cœur. Devant nous, les portes de la basilique s'entr'ouvrent, nous passons au pied du Calvaire, et, à quelques pas à gauche, sous une immense coupole, nous apercevons le vêtement de marbre qui abrite le tombeau du Sauveur. Sur le seuil se tient le R. P. Vicaire Custodial, un franciscain français ; il nous souhaite la bienvenue en un discours d'une vraie éloquence ; l'émotion que fait éprouver la vue des saints Lieux s'augmente encore de la chaleur communicative de cette parole convaincue. Les souvenirs de Godefroy de Bouillon s'agenouillant devant le Saint Sépulcre, il y a 800 ans, en 1099, de S. Louis, patron du pèlerinage, bien digne du choix des pèlerins, la convenance d'un hommage solennel au Christ Rédempteur au nom de la France, fille aînée de l'Église font vibrer

la fibre chrétienne ; on serait tenté
d'acclamer l'orateur, quand il s'écrie :
« Un jour, l'amour triomphera de la haine,
comme un jour, ici, la vie a triomphé de
la mort. Alors de deux Frances, il n'y en
aura plus qu'une, la France chrétienne de
Clovis, de Charlemagne et de S. Louis.
Fiat ! Fiat ! » La sainteté du lieu impose
le silence, la dévotion particulière reven-
dique aussi ses droits. Comme Pierre et
Jean, nous voulons voir le glorieux tombeau ; les Anges ne sont plus là, visibles,
mais la lumière du matin de la résurrection semble nous éclairer encore ; on croit
entendre les paroles et les pas discrets
des apôtres timides et anxieux ; à travers
l'étroit vestibule, nous apercevons la
chambre sépulcrale dans laquelle nous pénétrons, par une porte basse et étroite,
presque en rampant; quelques flambeaux
répandent une lumière mystérieuse, aucune autre autre n'arrive à ce sanctuaire.
A cette douce clarté, nous reconnaissons
le roc naturel où Joseph d'Arimathie avait
préparé sa propre sépulture ; l'espace est
si restreint que trois visiteurs peuvent à
peine s'y tenir agenouillés ; à notre droite
un monument de marbre blanc s'étend à
une hauteur de 90 centimètres sur toute
la longueur de l'édicule, c'est le reliquaire
dans lequel est enchâssé l'auguste rocher
qui reçut le corps adoré de notre tout
aimable Sauveur ; c'est là qu'il est ressus-
cité. Aussitôt nous tombons à genoux et
nous collons nos lèvres contre cette pierre
couverte déjà de tant de pieux baisers. On
se sent pressé de répandre là tout son
cœur, comme si ces manifestations d'a-
mour allaient droit à la personne du Sauveur au-delà de la pierre du tombeau. On
se trouve dans une atmosphère de paix
ineffable et de douce joie, aussi les notes
du *Pascale præconium* viennent sur nos
lèvres : *Exultet jam angelica turba....*
que la troupe angélique tressaille d'allégresse ... que la trompette sacrée publie la
victoire du souverain Roi ! » Le joyeux
et sempiternel *Alleluia* retentit à nos
oreilles ; nous le répétons avec un salut
à la radieuse Mère de Jésus ; *Regina cœli
lætare.* En même temps les doux gémissements de Madeleine qui vient de retrouver
son Maître ont leur écho dans ce saint
temple et nous entendons la voix si suave

qui l'appelle de son nom et l'invite à mo-
dérer ses transports d'insatiable amour :
« *Noli me tangere* » ou mieux d'après le
texte grec : « *Noli me detinere*, ne me
retiens pas plus longtemps. »
Je m'oublie à vous dire l'impression
que la présence de Saint Sépulcre apporte
au pèlerin ; pour peu qu'on ait la foi, on
ne saurait y échapper ; mais, ici, tout est
également touchant; la pierre de l'onction,
le Calvaire, les chapelles auxquelles se
rattachent les divers souvenirs de la Passion pénètrent aussi l'âme chrétienne de
sentiments pieux, nous voulons aussitôt
en faire la visite.
Nous sommes à peu près au centre de
l'immense rotonde qui contient le saint
Sépulcre et sous une vaste coupole que
soutiennent dix-huit piliers. Devant nous,
le saint édicule dont la porte regarde
l'orient ; derrière nous un espace fermé
de toutes parts où les Grecs célèbrent leurs
offices: le chœur des Grecs (1) ; autour de
ce chœur une galerie qui, à l'extrémité
opposée à la coupole, forme une abside,
voilà pour ainsi dire la nef de la basilique
construite en forme d'ovale. Les chapelles
du Calvaire et de l'Invention de la sainte
Croix s'y rattachent la première au sud,
la seconde à l'orient, vers l'abside. Au
nord se trouve le couvent latin avec les
sacristies et autres dépendances de l'église.
Cette agglomération en un même édifice
de toutes sortes de sanctuaires présente
d'abord quelque chose d'étrange et produit une impression indéfinissable de dé-
sordre et de confusion. Peu à peu on s'y
habitue et on finit par s'orienter facilement. En quittant le saint Sépulcre, nous
passons à droite entre deux piliers de la
rotonde et nous sommes dans la galerie
du côté sud, où nous faisons une dizaine
de pas jusqu'à une longue dalle rectangu-
laire de pierre rouge gisant à terre, ornée
aux quatre angles d'un pommeau doré et
surmontée de dix lampes ardentes, c'est
la pierre de l'Onction; nous voyons à notre droite la porte d'entrée.
Le pèlerin qui vient à la basilique traverse d'abord une large place carrée, entourée de trois côtés de hautes murailles,

---

1 C'est l'ancien chœur de l'Anastasis idem.

de laquelle surgissent, çà et là, au milieu des dalles, des débris de colonnes et où les marchands étalent les chapelets, les colliers d'ambre, les images russes, les photographies, etc. Il n'y manque pas non plus de mendiants qui vous présentent le spectacle de leurs infirmités en même temps que leur sébile. Des deux portes qui introduisaient jadis dans l'édifice, une seule est ouverte, vous remarquez son encadrement archaïque, et le cœur palpitant d'émotion, vous pénétrez dans l'édifice. À gauche, à un mètre au-dessus du pavé, vous voyez un divan où sont mollement assis trois musulmans, le chapelet d'ambre à la main et le narguilèh à la bouche, ce sont les portiers de la basilique, aussi polis que peuvent l'être des concierges et des concierges musulmans ; je les ai presque toujours trouvés gracieux ; d'ailleurs ils n'ont pas beaucoup à traiter avec les visiteurs. Leurs fonctions consistent à ouvrir et fermer l'église aux heures réglementaires et à maintenir le bon ordre des entrées et des sorties. À une dizaine de pas devant soi, on a la *pierre de l'Onction* que nous avons rejointe depuis le saint Sépulcre ; c'est l'usage de la vénérer soit en entrant, soit en sortant, elle est comme le reliquaire dans lequel on vénère la table de marbre sur laquelle le Sauveur subit les préparatifs accoutumés de la sépulture. Ici, il n'y a pas d'eau bénite, l'usage est de s'agenouiller d'abord près de la pierre de l'onction et de la baiser ; personne qui ne s'acquitte en toute simplicité de cet acte de piété, sans s'inquiéter d'... de contacts de toute espèce que la sainte pierre subit tous les jours. Un témoignage d'amour fidèle, n'est-ce pas le meilleur baume pour notre Sauveur ? et qui pourrait refuser de s'unir de cœur à la pieuse action des saintes femmes répandant des parfums sur le corps du divin Maître ?

À notre droite nous avons longé une sorte de tribune ornée au bord d'une balustrade de pierre ; si nous continuons notre marche vers l'est, après trois ou quatre pas, nous trouvons un escalier. c'est une sorte d'échelle taillée dans le roc au sommet de laquelle s'étend une plateforme divisée en deux parties par trois piliers, une partie vers le midi appartient aux Latins, l'autre aux Grecs. c'est le Calvaire. Celle-là renferme à son extrémité orientale un autel élevé sur le lieu où Notre-Seigneur fut étendu et cloué sur sa croix ; à q... elques pas en avant se trouve le lieu où le Sauveur fut dépouillé de ses vêtements, il est marqué par une rosace. Un peu plus à l'est se trouve l'escalier latin qui aboutit vis à vis du divan des gardiens ; à droite, c'est à dire vers le midi, on aperçoit à travers une grille un petit autel, c'est là que se tenaient la Ste Vierge et saint Jean pendant que le bourreau fixait le Sauveur à l'instrument de son supplice, on a appelé ce lieu *Chapelle des Francs*, parce que c'est là que les catholiques venaient vénérer les saints Lieux lorsque la basilique leur demeurait fermée.

Contre le pilier encastré dans le mur, vers le sud, s'élève le pieux petit autel de N.-D. des Sept douleurs, à l'endroit de la XIII° station ; rien de plus touchant que cette image de Marie au cœur percé d'un glaive. Aussi, la dévotion naïve des fidèles l'entoure-t-elle de sa confiance et de son amour ; autour de l'image bénie abondent des ex-votos de toutes sortes, les cœurs d'or, les chaînes précieuses et tout ce que l'imagination d'un peuple enfant croit pouvoir à offrir une mère aimée. Tout à côté, à gauche, mais à un plan inférieur une lame d'argent doré couvre la fente du rocher du Calvaire, c'est-à-dire la crevasse opérée en cet endroit au moment du tremblement de terre qui suivit la mort du Sauveur. En mettant la main dans cette fissure, on constate avec émotion qu'il n'y a là rien de naturel et que la puissance de Dieu s'y est jouée de toutes les lois de la physique. Nous sommes maintenant dans la chapelle des Grecs ; tandis que chez les Latins tout est sombre, sévère, sans ornementation, ici tout est et or et lumière. Contre le mur oriental se dresse un grand christ resplendissant de vives couleurs nimbé d'argent et à ses côtés, les icônes colossales de la Ste-Vierge et de S. Jean ; au-devant, s'élève un autel : au-dessous de l'autel, une plaque dorée percée d'une ouverture marque le lieu où fut plantée la croix.

C'est donc là que se consomma le mystère de notre Rédemption, et il n'est pas difficile de reconstituer la scène qui s'y passa le premier vendredi saint. Sans doute le Calvaire n'est pas une haute montagne, comme vous vous l'étiez imaginé peut-être, c'est un simple contrefort du mont Gareb, situé hors de la ville. La foule avait suivi la divine victime jusque sur la pente de la colline ; elle était ici, proférant des cris de mort, pendant que les bourreaux achevaient les préparatifs du supplice, encourageant leur fureur. Le sang coulait des mains et des pieds du divin patient ; les plaies de sa chair meurtrie par la flagellation se rouvraient sanglantes ; des soupirs de douleur s'exhalaient de sa poitrine haletante, ses membres se déchiraient sous le poids du corps élevé en croix, et, cependant, avec une force divine, de là il dictait ses saintes volontés, nous donnait sa mère dont le cœur se brisait de douleur, remettait son âme entre les mains de son Père, faisait entendre à la terre des paroles de pardon et jetait vers le ciel, avec un grand cri, une suprême prière. *Dilexit me et tradidit seipsum pro me*, on le dit, dans une méditation, dans son église, à son oratoire, mais, au Calvaire, il y a une émotion dont on ne saurait se défendre et mille fois les lèvres répètent la parole de l'apôtre en pressant avec amour le rocher qui fut arrosé du sang Rédempteur ; il n'y a d'ailleurs, que les baisers et les larmes qui puissent exprimer les sentiments qui pénètrent l'âme. (1)

Nous achèverons notre visite en allant jusqu'à l'abside d'où un escalier de 29 marches nous conduit à l'église abyssinienne de Ste Hélène et un autre de treize marches à la chapelle franciscaine de l'invention de la sainte Croix. Ces deux églises taillées dans le roc sont probablement d'anciennes citernes abandonnées ; dans la plus profonde, les bourreaux du Sauveur avaient jeté les instruments de son supplice, c'est là que Ste Hélène les retrouva. Sur notre chemin, le long des galeries, nous trouvons creusées dans la muraille orientale plusieurs chapelles consacrées à rappeler le souvenir de diverses scènes de la Passion : la chapelle qui renferme la *colonne des opprobres* sur laquelle était assis le Sauveur pendant le couronnement d'épines, la chapelle de la *division des vêtements*, la chapelle de *S. Longin* où fut longtemps conservée la sainte Lance ; et enfin la *prison* où Notre Seigneur fut enfermé pendant les préparatifs de son supplice. De ce dernier sanctuaire nous remontons du côté du nord une large galerie à sept arceaux qu'on appelle vulgairement des *sept arceaux de la Vierge*. Nous arrivons ainsi près de la rotonde, ayant à notre gauche *l'autel de l'apparition du Sauveur à Ste Madeleine* et à droite la chapelle de *l'apparition de Notre Seigneur à sa sainte mère* ; dans celle-ci nous vénérons à droite la *colonne de la flagellation* et à gauche une relique de la vraie croix.

En sortant de la chapelle franciscaine nous trouvons à gauche l'entrée de la sacristie ; le bon père qui nous accompagne veut nous la faire visiter. Elle a la pauvreté des églises de S. François, mais un trésor pourtant lui a été confié ; d'une antique armoire, le Père sacristain tire une vieille épée, droite, large, à la garde simple, sans ornement, c'est l'épée de Godefroy de Bouillon ; en la tenant dans ma main, je pensais à notre armée outragée, vilipendée : puissent nos soldats tenir leur épée vaillante au service de la bonne cause comme le preux chevalier des Croisades !

Notre journée avait été bien remplie, et il y a tant à voir à Jérusalem, que probablement notre séjour à Jérusalem ne sera pas un temps de repos.

(1) Les lieux saints n'ont plus, comme on le voit, leur forme primitive. On a accusé la piété de Ste Hélène. Cette princesse ne fit que réunir dans une même église le Calvaire et le S. Sépulcre ; mais elle ne leur fit subir aucune modification. L'histoire nous raconte que les Grecs schismatiques, cupides et avares ont entamé la portion la plus précieuse du Calvaire et enlevé la pierre même dans laquelle la croix avait été plantée. De plus, ils ont soustrait la pierre qui fermait le Sépulcre et même détaché quelques morceaux du rocher dans lequel avait été creusé le Saint Sépulcre. De tout cela, ils firent une caisse qu'ils envoyèrent à Constantinople. Ils ne purent retirer le fruit de leur larcin ; la mer les engloutit avec les trésors qu'ils emportaient.

HUITIÈME LETTRE

A la grotte de l'Agonie. — Rocher des Apôtres. — Jardin de Gethsémani. — Couvent russe. — Tombeau de la Ste Vierge. — Lépreux et
porteurs d'eau. — Piscine probatique. — Chapelle de la flagellation.
— « Lithostrotos. » — Voie douloureuse. — Le R. P. Paul — A S. Pierre
de Sion. — Une fête à la Charité de S. Vincent de Paul. — Une nuit
au S. Sépulcre. — La Sainte Messe au tombeau du Sauveur. — A
l'église Dominicaine de S. Etienne. — Au Tombeau des Rois. — A
l'école biblique protestante.

Jérusalem, 13 septembre 1899.

Imaginez-vous que j'ai laissé la plupart de mes compagnons partir pour la mer Morte et le Jourdain, sans avoir le courage de les accompagner ; la chaleur m'a effrayé, et, en pareil cas, on trouve toujours moyen de se justifier. « Après tout, me suis-je dit, je verrai la mer Morte, du haut de la montagne voisine ; je n'ai guère à à profiter du voyage et j'utiliserai mieux mon temps à Jérusalem. » D'abord, j'aurai quelques instants pour rédiger mon journal et vous envoyer quelques lignes.

Comment vous dire tout ce que nous voyons ici ? En un seul coup d'œil, on embrasse des multitudes de choses et ma pauvre plume, obligée de se limiter à un point, s'en va péniblement vous retracer quelques lignes de l'immense tableau. Vous auriez, cependant j'en suis sûr, un vif plaisir à nous accompagner dans nos excursions ; permettez-moi de vous conduire à la vallée de Josaphat ; bien en-

tendu pour y faire une simple halte, c'est là qu'était hier, la station du pèlerinage.

C'est le matin, le soleil vient d'éclairer subitement la mosquée d'Omar avec son superbe dôme au croissant doré ; je vois de ma fenêtre les coupoles du couvent russe s'illuminer ; le mont des Oliviers s'anime et me renvoie cette tendre lumière dans laquelle il se trouve maintenant baigné. Mes confrères sont déjà partis, mais les cicerones ne manquent pas, ils sont là sur le seuil, de la *Casa Nova*, quinze ou vingt, se disputant l'honneur de vous conduire : Bonjour, mon Père... Où allez-vous, mon Père ? » et sans attendre la réponse, ils vous suivent, entament la conversation, racontent, donnent des renseignements et ne vous quittent que lorsque vous êtes au but. Ne les renvoyez pas, ce serait peine inutile, vous ne leur feriez pas perdre l'espérance d'avoir bacchich.

Hier, un P. Franciscain me délivra de cette servitude, il voulut bien me servir de guide ; nous descendîmes donc, près de S. Sauveur, la rue rapide *Deir-el-Frandji*, la rue *el Kangah* et la rue *Tarig-es-Serai* jusqu'à la rue *Hoch-Akkia-Beg* que nous suivons l'espace de cinquante à soixante pas, du côté de la Porte de Damas, pour reprendre ensuite la rue *Es-Serai*, qu'on appelle aussi rue de la Porte St-Étienne. Bien entendu, il ne faut pas chercher sur les maisons des coins de rue la désignation de la voie où l'on veut s'engager, c'est là un progrès encore inconnu chez les Turcs.

En remontant constamment vers l'est, nous arrivons à la porte de St-Étienne d'où nous voyons se creuser devant nous la vallée de Josaphat ; au bas de la rampe, un rocher à fleur de terre nous est donné comme le lieu du martyre de S. Étienne (1) ; nous traversons le Cédron, aujourd'hui à sec et, au-delà du pont, après quelques pas, nous apercevons cinq ou six marches d'escalier et nous voici dans la grotte de Gethsémani. L'église est tout entière creusée dans le roc ; trois énormes piliers naturels, la divisant comme en deux nefs, soutiennent le rocher qui forme la voûte et où l'on a pratiqué une ouverture circulaire pour faire arriver un peu de lumière extérieure. A ce moment le saint sacrifice se célébrait à trois autels ; il y avait dans le murmure de ces prières, dans le recueillement, le silence, l'obscurité mystérieuse de ce sanctuaire un je ne sais quoi qui était en harmonie avec les dispositions de mon âme ; il ne me fut pas difficile de faire revivre la douloureuse scène dont ce lieu fut témoin le soir du jeudi saint. Les menées perfides de Judas, les complots des Princes des Prêtres, la sinistre figure des Pharisiens se présentent

naturellement à la mémoire ; on croit entendre les pas de la cohorte qui vient s'emparer de Jésus, et en même temps les plaintes, les gémissements, les prières de Celui qui tombait ici, écrasé sous les poids de ses appréhensions et de ses craintes. Un mot écrit sous l'autel exprime tout cela :

Ici le Sauveur répandit une sueur de sang. Cette terre que nous foulons a donc été arrosée du sang Rédempteur et cette caverne, remplie des plaintes de l'agneau divin ; le divin Cœur de Jésus y a été broyé comme sous le pressoir. Un rayon de lumière qui nous vient d'en haut nous rappelle qu'un ange vint seul apporter quelque consolation au divin agonisant. Je vous laisse à penser quels sentiments inspire la célébration du saint Sacrifice en tel lieu. J'entends discuter autour de moi l'authenticité de la grotte de l'agonie ; nous sommes venus ici pour prier et non pour discuter. Est-ce ici une ancienne citerne, un pressoir, un sépulcre? cela nous importe peu. Nous aimons à penser que Notre Seigneur y a prié ; nous constatons que la disposition des lieux favorise notre sentiment ; nous savons que c'est là, dans ce jardin de Gethsémani, que le Sauveur aimait à se retirer et qu'il s'y retira le soir du jeudi saint, cela suffit à notre foi.

La grotte était comprise autrefois dans l'enceinte du jardin ; plus tard, elle se couronna d'une église en l'honneur de la Très Sainte Vierge, et un chemin vint partager en deux parties le précieux enclos. Nous dûmes donc revenir sur nos pas du côté du chemin vers lequel un mur blanchi à la chaux nous indiquait le lieu planté d'oliviers ; en le contournant vers l'est, nous trouvons devant nous, une sorte d'entablement large et reluisant, un gros rocher à un mètre et demi environ au-dessus du niveau du chemin ; on nous le désigne comme le lieu où dormaient S. Pierre, S. Jacques et S. Jean pendant l'agonie de Jésus. On y entend le « Veillez et priez » qui est toujours de saison. A quelques pas, Judas livra son Maître, la place de l'infâme trahison est marquée par une petite colonne dressée au fond d'une abside formée par la muraille. Presque vis-à-vis du rocher des Apôtres, une

(1) Un texte de *Lucien* (419-41) récemment découvert, publié en 1894, place le lieu du martyre de St Étienne près de la porte par laquelle on se rend au Cédron. Cf. *Revue franciscaine d'Orient*, numéro de juillet 1898, *Analecta* de *Papadopoulos Kérameus*, 5e volume et *Migne*, *patrol.* T. II, p. 810.

porte s'ouvre dans le mur, si étroite et si basse qu'un violent heurt de ma tête vient m'avertir que je ne me suis pas incliné assez profondément. Nous sommes dans un charmant parterre, admirablement disposé en plates-bandes régulières où abondent les fleurs. Du sein d'élégantes corbeilles d'œillets, de giroflées, de coréopsis s'élèvent huit énormes oliviers au tronc presque dénué d'écorce et semblables à des rochers; personne ne fait difficulté de croire qu'ils sont contemporains de Notre Seigneur, c'est sous leur ombrage que cet adorable Sauveur se retirait souvent avec les Douze; c'est à rêver d'y être seul, un soir de jeudi saint, dans un silence parfait, sous un beau ciel étoilé, quand à peine une légère brise vient faire frissonner les feuilles des mélancoliques oliviers. Il y a dans ces murs d'une blancheur éblouissante sur lesquelles se détachent les tableaux coloriés du chemin de la croix, dans la coquetterie de ces plantes variées quelque chose qui repose des souvenirs douloureux et qui aide à la prière. Le bon frère franciscain qui met tout son cœur à cultiver ce précieux champ se présente à nous avec son large chapeau de paille et un panier à la main: il nous distribue quelques branches sèches détachées des oliviers de Gethsémani, nous les emportons avec bonheur.

En franchissant la portelle, nous ne pouvons pas ne pas nous sentir écrasés par l'édifice colossal qui se dresse devant nous, au flanc de la colline; ce couvert russe construit depuis quelques années seulement est une menace pour les Latins; l'aigle moscovite plane là pour attendre le moment de dévorer sa proie; il n'attend que le moment favorable pour s'emparer des Lieux-Saints.

Avant de quitter la vallée de Josaphat, nous nous arrêterons à de plus consolants souvenirs; nous reviendrons près de la grotte de l'Agonie et nous descendrons les quarante-huit marches du large escalier qui conduit au tombeau de la Sainte Vierge. Vers le milieu de la rampe, on remarque le lieu de sépulture de S. Joachim et de Ste Anne. La Vierge, elle, fut ensevelie au fond de la crypte; dans une chambre creusée dans le roc; c'est là que les apôtres, se trouvant réunis trois jours

après la mort de leur bien aimée mère, voulurent contempler une dernière fois ses traits. La mort avait relâché sa proie; plus rien dans le tombeau, sinon des fleurs qui répandaient le plus suave parfum, la mère avait suivi le Fils dans sa gloire. Depuis, les disciples n'ont pas perdu le chemin du glorieux sépulcre de Marie; Ste-Hélène l'enchâssa dans une église, les Croisés restaurèrent l'œuvre de l'illustre impératrice; les musulmans y ont un mihrab où ils viennent vénérer la Mère du prophète Issa (Jésus), et les Grecs, possesseurs de ce sanctuaire, l'environnent du plus profond respect. Le saint tombeau de la Vierge est comme celui du Sauveur, renfermé dans un petit édicule qui peut contenir au plus quatre ou cinq personnes: c'est là que nous pénétrons, un flambeau à la main; il s'exhale de ce lieu béni un parfum de piété qui embaume l'âme et qu'on voudrait respirer toujours: l'amour maternel de Marie n'est-il pas la consolation du chrétien? (1)

Au retour, en gravissant le mont Bézétha, nous rencontrons d'abord des mendiants qui demandent avec une onction, une insistance, une persévérance auxquelles on ne résiste pas: quelques-uns, de pauvres lépreux, présentant leurs mains hideuses, aux doigts rongés, tuméfiés, inspirent davantage la compassion: puis voici des têtes de sommes chargées d'énormes vases de fer blanc ou d'outres pleines, c'est la provision d'eau que quelque Arabe vient de chercher peut-être de bien loin. C'est qu'à Jérusalem l'eau est très chère, surtout à cette saison où, depuis trois mois, il n'est pas tombé une goutte de pluie; les possesseurs de citernes s'en font un bon revenu et le gouvernement turc lui-même exploite ses vastes réservoirs, c'est sans doute la raison de son peu d'empressement à construire les aqueducs pour approvisionner la ville. Aux pauvres d'aller

(1) Dans ces dernières temps, on a révoqué en doute la tradition de la mort de la Ste Vierge à Jérusalem, en s'appuyant sur les Révélations de Catherine Emmerich, que la Sainte Vierge est morte à Éphèse et qu'elle y a son tombeau. Cette dernière thèse n'a pour elle que l'autorité de Catherine Emmerich, autorité bien insuffisante pour combattre la Tradition de Jérusalem.

donc dans la campagne où ils peuvent trouver quelque source.

Nous suivons nos conducteurs d'eau à S. Étienne. A peine entrés dans la ville nous apercevons l'église de Ste Anne, église nationale, à laquelle nous devions une de nos premières visites. Tout près se trouve la piscine probatique. Des fouilles récentes permettent de reconstituer cet ancien édifice ; en descendant à une assez grande profondeur nous pouvons toucher de la main cette eau que l'ange venait mettre en mouvement et dont l'attouchement guérissait le malade qui était assez heureux pour être ensuite le premier mis en contact avec elle. Notre Seigneur y guérit un paralytique atteint depuis trente six ans de cette pénible infirmité. Nous avons laissé à notre gauche l'Haram-esch-Schérif où s'élevait autrefois le temple de Salomon; au-delà d'une tour à demi ruinée, noircie par le temps, que quelques-uns honorent du titre de tour *Antonia*, nous sommes en plein souvenir de la Passion. Là, près de nous, s'élevait jadis le temple de la sagesse éternelle, sur l'emplacement du prétoire de Pilate ; devant nous, à cent cinquante ou deux cents pas sur la rue, un arc surmonté d'une galerie couverte nous indique l'entrée du palais *Antonia* ; dans l'intervalle qui s'étend entre ces deux points extrêmes, une voie pavée de marbre blanc donnait accès à l'édifice ; des dalles de pierre rouge dessinaient l'*atrium*, ce qu'on appelait en grec *Gabbatha* ou *Lithostrotos*. Nous étions tout près du lieu de la flagellation qui dut avoir lieu au nord-est de ce vaste emplacement, une chapelle en perpétue le souvenir. Au devant de ce sanctuaire franciscain, dans le pavé d'une église ruinée il n'est pas difficile de reconnaître le *Lithostrotos* et j'ai recueilli un fragment de cette pierre qu'arrosa le sang du Sauveur. A gauche de la rue, 15 mètres à l'est de la chapelle de la flagellation, quelques moulures dans la haute muraille d'une caserne turque indiquent la place de l'escalier que descendit le Sauveur après avoir entendu sa sentence ; c'est là que se trouvait la *scala Santa* conservée à Rome près de S. Jean de Latran, c'est là aussi que le divin maître reçut sur ses épaules le lourd instrument de son sup-

plice. Par derrière cette muraille, à un plan élevé de trois ou quatre mètres au-dessus du niveau de la rue, dans la cour de la caserne, Pilate prononça l'inique sentence de mort ; nous devrions y faire notre première station du chemin de la Croix, mais ce lieu nous est inaccessible en ce moment et nous devons nous contenter de prier au pied du saint escalier, puis nous continuerons à suivre les traces du Sauveur, jusqu'à l'arc d'entrée de l'*atrium*. Ce monument se composait de trois arcs, un plus grand au milieu et un plus petit de chaque côté ; c'est sur le plus grand, d'une galerie d'où l'on dominait la rue, que Pilate montra au peuple sa victime hideusement défigurée et presque mourante, pour essayer d'apitoyer ce peuple avide d'un sang innocent : *Ecce homo*. Dans la maison, à droite, on nous montre un des petits arcs, et le pavé des sous-sols nous présente encore ce *Lithostrotos* que nous avons déjà vu plus haut ; les soldats romains avaient là leur quartier et on voit taillées dans les dalles les tables sur lesquelles ils jetaient leurs dés ou s'exerçaient à leurs jeux militaires.

En ce moment, la rue est presque silencieuse et solitaire ; on peut s'y recueillir et méditer comme dans un sanctuaire, mon ami et moi nous franchissons pensifs les cent cinquante mètres qui nous séparent de la rue *Hoch-Ackhia-Bej*, il nous semblait voir Notre Seigneur marchant devant nous, portant sa croix. Arrivés au bas de la pente, nous tournons brusquement à gauche et aussitôt, au pied de la muraille, une colonne encastrée dans le pavé nous indique la 3ᵉ station. Le brusque détour de la rue, quelque accident de terrain suffisent à expliquer la chûte du Sauveur (1). Sans doute, il y eut quelque émoi dans la foule ; des femmes qui suivaient tristement le cortège versèrent des larmes de pitié ; un ouvrier qui revenait de la campagne, témoigna de la commisération pour le divin patient. Jésus consola les première   'e second eut une autre récompense   ne   pat les

---

(1) Il y a seize ans, nous avons remarqué à cet endroit un ressaut de terrain ; depuis, la voie a été nivelée.

soldats, il reçut sur ses épaules, la croix du Sauveur.

En même temps, attirée peut-être par la cessation des cris où le stationnement du cortège et anxieuse de savoir ce qui se passait, n'écoutant que son amour et sa douleur, la Mère désolée débouchait par un autre chemin partant aussi de l'*Antonia* et se trouvait face à face avec son divin Fils. Navrée de ce spectacle douloureux, elle tomba défaillante entre les bras des saintes femmes qui la suivaient ; de là, le sanctuaire érigé sous le titre de Notre-Dame du *Spasme*. Nous entrons dans cette église récemment relevée de ses ruines par les Arméniens unis ; un pavé en mosaïque attire surtout l'attention, on y remarque deux vestiges de couleur sombre incrustés sur un fond blanc ; au-dessus de ces empreintes, un autel supporte un groupe représentant la saisissante scène de la IVe station. Les statues sont de grandeur naturelle, Jésus et Marie paraissent vivants ; à voir l'expression de leurs regards et de leurs traits aussi bien que leur attitude, on croirait qu'ils vont se jeter dans les bras l'un de l'autre : c'est à fendre l'âme et arracher les larmes.

De la IIe à la IIIe station, nous avons parcouru 290 mètres, on en compte 88 de la IIIe à la IVe et 28 de la IVe à la Ve. Au coin de la rue *Es Serai* une chapelle franciscaine rappelle la transmission de la croix de Jésus à Simon le Cyrénéen. A droite de la porte du petit sanctuaire, dans la muraille de la maison voisine, une pierre porte une empreinte, les uns disent de la main de Jésus qui s'y appuya, les autres d'un bras de la croix.

La rue devient grimpante, resserrée entre de hauts murs où apparaissent seulement quelques rares lucarnes et, au sommet, des *moucharabiés* au noir grillage. A chaque instant, des voûtes, des arcs, des galeries jetés sur la rue assombrissent le passage ; nous parcourons ainsi un espace de quatre-vingt-six mètres, jusqu'à ce que nous apercevions sur nos têtes une galerie couverte, tout fraichement blanchie, c'est un peu au-delà que se trouve la maison de Ste Véronique. Le sol n'a plus tout à fait la même configuration qu'à l'époque de Notre-Seigneur ; les glissements de terrain ont exhaussé le ni-

veau de la rue, mais, grâce à des fouilles récentes, nous pouvons voir le pavé à peu près dans l'état où il était, à l'époque où Jésus passait ici chargé de sa croix. Ici Véronique vit son visage couvert d'une couche de poussière délayée dans le sang et les larmes, lui tendit le voile humecté d'eau fraîche dont il essuya son visage. La scène dut se passer en un clin d'œil ; la pieuse femme se retira aussitôt pour échapper aux injures, mais elle emportait sa récompense. Un groupe, dans le fond d'un sombre sanctuaire souterrain fait revivre toute la scène sous nos yeux et nous invite à unir notre hommage de réparation au sentiment de courageuse compatissance de Ste Véronique. (1)

Encore soixante pas en avant et voici que nous trouvons la rue *Bab el Amoud* coupant à angle droit celle que nous suivons. Devant nous, un sanctuaire fixe notre attention, il nous marque l'emplacement de la Porte Judiciaire près de laquelle Notre-Seigneur tomba pour la seconde fois. Il ne nous est pas difficile de nous rendre compte que c'était là autrefois la limite de la ville ; une haute colonne conservée dans l'intérieur de la chapelle paraît encore un débris de l'antique Porte. Au-delà, un peu vers la gauche, sur le sentier qui conduisait à un contrefort du Gareb qu'on appelait Golgotha, s'arrêtèrent quelques femmes, espérant pouvoir mieux considérer Jésus au moment où il déboucherait hors de la ville ; c'était à trente-cinq mètres environ du lieu où nous sommes ; nous apercevons dans cette direction, sur le prolongement de la rue *Es-Serai* un grand mur de soutènement d'un couvent grec et, au milieu, une petite croix gravée sur la pierre, c'est là la VIIIe station. Bien entendu, pas de tableau représentant les diverses scènes du chemin de la Croix, à peine une indication du chiffre de la Station. Ici, autour de la petite Croix, on lit le mot : « *Nika* », par lequel les schismatiques ont voulu affir-

---

(1) D'après la Tradition, Ste Véronique, ou mieux Bérénice, dont on a fait Véronique, était galiléenne ; elle était épouse de Zachée, et après la mort du Sauveur, vint avec Zachée se fixer dans les Gaules. Zachée connu sous le nom d'Amadour ou Amadour Gabs, dit-on, le sanctuaire de Notre-Dame de Roc-Amadour.

leur insolent triomphe. Nous pensons à la bonté du Sauveur qui a pour tous des paroles de consolation ; au moins et même d'arriver au lieu de son supplice, il a encore un regard bienveillant pour de pauvres femmes à qui le malheur inspire la pitié.

Nous sommes à quelques pas seulement du Calvaire, et n'était ce mur gigantesque, nous serions de suite à la IX° station. Mais inutile de chercher à abréger la route ; nous rebroussons donc chemin et arrivés à la rue Bab-el-Amoud, nous la suivons dans la direction du Sud. Là, nous sommes en plein bazar, dans la demi-obscurité que produisent les voûtes et les nattes tendues sur la rue, au milieu d'une cohue de gens et de bêtes, suffoqués par toutes sortes d'odeurs... nous finissons pourtant, malgré tout, par parcourir nos 85 mètres et atteindre une rampe d'escalier que nous prenons à droite. Je renonce à vous dire par quels tortueux couloirs et tunnels nous avons passé ; après deux cents pas environ, nous voilà en présence d'un portique avec une inscription inintelligible pour nous. C'était un couvent cophte ; à gauche une colonne rappelle la troisième chute de Notre Seigneur sur la voie douloureuse. Nous sommes au terme ; il nous faut cependant encore revenir sur nos pas et faire un long détour pour arriver au Calvaire ; heureusement des Abyssins, au teint fortement basané, nous invitent d'un regard si gracieux que nous n'avons pas de peine à céder ; ils nous conduisent à travers une cour pavée et nous ouvrent une porte qui introduit sur la place même de l'église du Saint-Sépulcre. Pas n'est besoin de dire qu'il fallait payer cette faveur. Nous eûmes bientôt achevé le chemin de la Croix. La chaleur accablante ne nous permettait pas de prolonger notre excursion et d'ailleurs, l'heure arrivait de rentrer au gîte.

A Jérusalem, on ne sort guère aux heures de grand soleil ; mais aussitôt que la température devient un peu plus supportable, le P. Paul sonne de la trompette ; il est intrépide et sans pitié ce P. Paul, dur à la fatigue, réfractaire à la chaleur et, avec cela, jarrets d'acier ; je me hâte d'ajouter cœur d'or, car il nous traite en vrais amis à qui il ne veut rien laisser

ignorer de Jérusalem qu'il sait lui-même par cœur. Donc, à 3 heures, au signal, nous nous rendons à la porte de Jaffa, et presqu'aussitôt en quittant la ville, nous aperçûmes, couronnant la colline, l'Institut de St-Pierre de Sion, fondé par le P. de Ratisbonne ; c'est de ce côté que nous dirigeons nos pas. D'abord, nous trouvons un vaste cimetière musulman où d'énormes et inoffensifs lézards prennent leurs ébats ; voici maintenant le Birket-Mamillah (1), immense vasque qu'on appelait autrefois piscine supérieure, c'est là que le Prophète Isaïe aurait annoncé qu'une Vierge concevrait et enfanterait un fils qui serait nommé Emmanuel : *Ecce virgo concipiet et pariet filium et vocabitur nomen ejus Emmanuel*. L'ascension à travers les sentiers pierreux est pénible, mais nous trouvons bientôt l'ombre délicieuse des mûriers de St-Pierre et la bonne hospitalité des Pères de Sion. Le vénéré supérieur nous fait avec une charmante simplicité les honneurs de la maison ; tout y est admirablement distribué, bien tenu, la chapelle gracieuse, les dortoirs vastes et bien aérés ; les sous-sols où sont les ateliers ne sont pas la partie la moins intéressante de l'établissement : là, de charmants enfants nous accueillent le sourire sur les lèvres, nous présentent avec amabilité les ouvrages de leurs mains. Il y a là des menuisiers qui blanchissent admirablement leur bois, des cordonniers dont le travail unit la solidité à l'élégance ; des sculpteurs dont les croix exciteraient l'envie de notre Rosset, des objets de piété dont nous voudrions remplir nos valises pour nos amis de France. Pauvres enfants ! la charité les a recueillis pour en faire de bons chrétiens, les préparer à gagner leur vie et à faire du bien autour d'eux.

En parcourant les vastes cours, on jette un regard sur Jérusalem et sur le cadre magnifique qui l'enserre, puis nous regagnons la ville. Nous voici à l'hospice des Filles de S. Vincent de Paul. Admirable, ce spectacle de la charité ! Les bonnes sœurs nous présentent toute leur famille d'adoption, une centaine de pauvres en-

(1) Près du réservoir était autrefois l'église Ste-Mamillah, une sainte femme qui donna la sépulture à un grand nombre de martyrs, en 614.

tuits qu'elles ont recueillies de partout, tirées de la plus profonde misère ; quelques-unes sont si infirmes qu'elles ne peuvent user de leurs membres : une pauvrette impuissante à faire le signe de la croix avec ses mains, se sert de son seul membre qui lui reste libre, de son pied gauche. Les sœurs sont là qui, toujours gracieuses et bienveillantes, font éclore de bons sourires sur ces visages d'enfants à qui le malheur allait refuser de s'épanouir ; elles leur apprennent aussi à aimer la patrie qui les adopte ; leurs yeux s'éclairent, leurs traits s'illuminent quand ils chantent leur salut à la France qui les arme ; ils sont si heureux de nous voir, si fiers des mères que le bon Dieu leur a données pour remplacer celles que la mort leur a ravies ! Au moment où nous allions prendre congé, nous voyons s'avancer gravement au milieu de la salle un charmant petit enfant vêtu de rouge, avec un charmant rochet brodé d'une blancheur immaculée, couvert d'une burette rouge ; une sœur le hisse sur une chaise en guise de tribune et il nous donne avec un merveilleux aplomb un sermon sur la vanité des choses de ce monde, l'exorde, les trois points, la péroraison, les signes de croix, rien n'y manquait ; aussi des sourires soulignent les plus beaux passages sans que l'éminent orateur de cinq ans en fût troublé le moins du monde.

On ne nous fit grâce d'aucune visite, ne fallait-il pas nous faire voir tous les trésors ? Il y a là encore des vieillards infirmes, des hommes sans intelligence ; les bonnes sœurs développent en eux les bons instincts, leur font contracter de bonnes habitudes. Oh ! que la charité chrétienne fait de belles choses ici !

En arrivant à Casa-Nova j'apprends que le vénéré Directeur est à ma recherche... Il s'agit de célébrer demain la Sainte Messe au tombeau de Notre Seigneur. Vous devez penser si j'ai accueilli cette nouvelle avec joie. Il fallait aller passer la nuit prisonnier au saint Sépulcre, car, nous ne pouvons célébrer qu'entre deux et cinq heures du matin et les gardiens qui ferment à sept heures n'ouvrent qu'à cinq. Mais les Franciscains possèdent une sorte de petit couvent attenant à l'église ; ils nous offrent un asile que nous

acceptons volontiers. Ce couvent n'a de communication avec l'extérieur que par la porte de la basilique ; les religieux y sont donc captifs sous la garde des musulmans. Un guichet ouvert dans la grande porte permet seul les relations avec le dehors.

Le soir, nous allons faire notre prière au saint tombeau et gagnons de là le couvent qui avoisine. Tout dans cet hospice est fort étroit, obscur ; on nous met entre les mains une mèche allumée, au moyen de laquelle nous nous dirigeons dans le ténébreux petit escalier qui conduit aux galeries supérieures de la grande coupole. La gracieuse communauté franciscaine nous attendait, déjà mise en liesse par un charmant confrère qui eût dit volontiers : « C'est ici le lieu de mon repos » ; il est heureux en ce moment de donner à ses frères franciscains d'Italie de la surabondance de son bon cœur.

Notre gîte est un dortoir bien modeste séparé de la basilique par une mince cloison, aussi à peine le sommeil commence-t-il à gagner nos paupières que nous entendons les voix nasillardes des grecs entonner leur liturgie. D'ailleurs, notre excitateur ne tarde pas longtemps à nous inviter à descendre : il était deux heures. Pendant que les schismatiques jettent les dernières notes de leurs monotones mélodies, nous nous préparons au Saint Sacrifice ; bientôt l'autel est préparé, une planche jetée sur le marbre du saint tombeau, avec les linges sacrés, et nous allons comme Madeleine « valde diluculo » au sépulcre. Le silence est solennel, personne autour de moi que le prêtre qui répond à mes prières ; les anges de la résurrection sont là invisibles : *Hæc dies quam fecit Dominus, exsultemus et lætemur in ea.* Voilà bien un jour d'allégresse. C'est ici que Jésus a triomphé pour moi de la mort et du péché ; il a brisé mes chaînes, il me délivre de la servitude ; *Alleluia !* Avec quelle émotion on lit ici la Messe de la Résurrection ! Une joie douce, ineffable, s'insinue dans l'âme, pénètre jusqu'à la moelle, joie du triomphe de Jésus, joie de la délivrance du monde, joie du bonheur de Marie, joie que donnent les espérances chrétiennes : *Alleluia !* Nous le chantons au fond de notre cœur ; la porte de la basilique s'ouvrait que nous le chantions encore dans l'étroit réduit du glorieux tombeau.

Il était près de six heures quand nous remontions la pente de *Casa Nova*, nous allions nous donner sur la terrasse le spectacle d'un lever de soleil. Tout semble dormir encore autour de nous ; c'est à peine si l'on entend le cri rauque de quelque chameau ou la voix du meneur qui excite son baudet ; dans le parfait silence de la nature, l'astre du jour paraît presque subitement au sommet des Oliviers, et éclaire successivement les cimes des monts, les minarets, les coupoles et bientôt tout Jérusalem est baigné de sa blanche lumière, tout resplendit, c'est le jour, il nous tarde de courir à quelque nouveau souvenir chrétien.

Lorsque le signal se fait entendre, nous sommes prêts, et, à la suite du P. Paul, nous prenons le chemin de Damas sur lequel nous avons peut-être besoin d'être terrassés ; mais nous n'avons pas, comme Saul, des projets homicides ; nous descendons paisiblement la rue *Es-Serai*, la rue *Hech-el-Ackia* et, après avoir franchi la porte de Damas, nous nous dirigeons vers un monument que nous voyons se dresser devant nous, sur la hauteur, la basilique de St Étienne.

Les Pères Dominicains possesseurs de ce sanctuaire travaillent à son achèvement et montrent un zèle particulier pour les études palestiniennes ; une école biblique établie chez eux produit les meilleurs résultats. Sous la conduite de l'éminent directeur, le R. P. Lagrange, nous avons pu nous rendre compte du plan de l'ancienne basilique Eudoxienne et lire quelque peu de l'histoire des origines chrétiennes dans ces mosaïques, ces inscriptions, ces tronçons de colonnes, etc., recueillis avec le plus grand soin. Nous nous trouvons reportés à quatorze siècles en arrière, à l'époque où le christianisme était ici florissant et où les monuments chrétiens jaillissaient comme spontanément du sol. Nous y rencontrons aussi des tombeaux, tels qu'étaient les tombeaux à l'époque de Notre-Seigneur ; les pierres mêmes rendent témoignage à la vérité de nos saints Évangiles.

De S. Étienne au tombeau des Rois le chemin est facile, c'est la route qui part de la porte de Damas ; après quelques minutes, nous trouvons dans la campagne une profonde citerne béante, creusée dans le roc, s'ouvrant à fleur de terre ; des escaliers disposés pour l'écoulement des eaux permettent de descendre jusqu'à une sorte de cour à un côté de laquelle s'ouvre un vestibule surmonté d'une frise sculptée avec un goût exquis. De là on pénètre dans les tombeaux. A voir le mode de fermeture, les rainures du rocher, la pierre circulaire qu'on y roule à l'aide d'un pieu, on se fait une idée du tombeau de Notre-Seigneur. Un flambeau à la main, nous explorons ces sombres demeures de la mort, parcourant les cinq ou six chambres sépulcrales où se trouvent les lits funèbres. Ces tombeaux ouvrent leur gueule béante ; on a enlevé les corps qui y gisaient ; peut-être quelques-uns n'ont pas été occupés. On ne respire pas à l'aise, et le cœur est oppressé, nous avons hâte de retrouver la belle lumière et de revoir la campagne. (1) La route est assez animée, nous rencontrons des Arabes qui s'en vont à leurs travaux ; des voyageurs arrivant à cheval de Naplouse nous dépassent ; nous avons fait seulement une halte à l'église anglicane. Cette visite nous a procuré une vraie surprise ; tout y est disposé comme dans un temple catholique : un autel, des bancs, des images saintes et même un ministre en surplis et en étole blanche, récitant des prières. Les études que font les protestants sérieux les ramènent aux usages des premiers temps de l'Église qui se trouvent les usages catholiques ; s'ils sont sincères, ils trouveront infailliblement la vérité catholique elle-même.

Au retour vers *Casa Nova*, nous passâmes de nouveau par la porte de Damas, dont nous avons remarqué la masse imposante, la solide structure, les énormes quartiers de rochers qui servent d'assises et nous avons pris le chemin du saint Sépulcre.

Nous sommes rentrés un peu fatigués de la course, mais tout disposés à recommencer. A demain.

(1) Ce qu'on appelle tombeau des Rois, serait plutôt le tombeau d'Hélène, reine d'Adiabène, qui était prosélyte du Judaïsme. C'est à tort que M. de Saulcy y a vu le tombeau des Rois ; l'inscription place encore actuellement sur le cénotaphe que nous avons vue sera probablement changée.

NEUVIÈME LETTRE

En route pour Bethléem. — Màr-Elias. — Champ des pois. — Grotte de
la Nativité. — Messe à la Crèche. — Environs de Bethléem. — Les
joies de Bethléem. — A la Visitation. — Fontaine de la Vierge. —
Maison de St Zacharie. — Orphelinat des Dames de Sion et le P. de
Ratisbonne. — Eglise paroissiale de St-Jean « in montana » et lieu de
la Nativité de St Jean-Baptiste. — Les petits compatriotes de St Jean.

Jérusalem, 14 septembre 1899.

Quelle délicieuse journée je viens de
passer ! journée toute remplie de souvenirs pieux, de bonnes rencontres, de douces émotions ! J'arrive de Bethléem. Hier
soir, comme je venais de rentrer à notre
chère hôtellerie franciscaine, à *Casa Nova*,
avec une dizaine de pèlerins, on vient
nous inviter à faire notre pèlerinage à la
Crèche. Vous devinez avec quelle joie nous
accueillîmes l'heureuse nouvelle. Comme
la distance de Jérusalem à la cité de David
n'est que de neuf kilomètres, nous n'a-
vions pas à faire de grands préparatifs de
voyage ; aussi nous fûmes bientôt prêts ;
à cinq heures donc, nous étions à la *Porte
Neuve* où nous attendaient nos voitures.
Nous montons, le cocher donne le signal
et nous voilà partis sur la pente rapide
qui conduit à la vallée d'Hinnom. Nos
chevaux encore frais descendent à toute
vitesse et soulèvent des nuages de poussière ; c'est à peine si nous voyons à nos
côtés la porte de Jaffa, la tour de David,

le mont Sion que nous côtoyons avec le
Birket es-Sultan. Nous sommes bientôt au
bas de la rampe, dans la plaine de *Raphaïm* ; nous passons sans trop nous sou-
cier des Philistins, mais nous remarquons bien la charmante solitude que se
sont fait près de la ville Sainte nos bonnes
Clarisses de France ; puis, notre cocher,
si mal qu'il parle le Français est heureux
de nous en écorcher quelques mots pour
nous indiquer par un mouvement de son
fouet l'emplacement de la maison du saint
vieillard Siméon et le puits des Mages.
La caravane orientale s'arrêta près de cette
source pour y abreuver ses chameaux et
les heureux pèlerins y eurent la joie de
voir briller de nouveau au-dessus de leur
tête l'étoile merveilleuse qui leur avait
tracé leur route jusqu'à Jérusalem. C'est
si bon de retrouver un bonheur que l'on
croyait perdu ! Nos chevaux ralentissent
un peu le pas et nous pouvons voir l'auge
de pierre où les bergers viennent encore

abreuver leurs troupeaux aux eaux fraîches de la citerne et s'y désaltérer eux-mêmes. Maintenant la route est montueuse, elle va se développer en longs méandres qui blanchissent sur le fond presque verdoyant de la campagne et courir sur la crête des collines. Sur la première coupe s'élance comme une forteresse le *Mâr Elias*, couvent de moines grecs sur l'emplacement de la maison où naquit le Prophète Élie; nous voyons à peu près vis-à-vis de la porte un rocher où le même Prophète se reposa à l'ombre d'un genévrier. Mais, en avant! La pente est plus douce, nos véhicules reprennent leur allure rapide et notre conversation reprend son entrain, car bien vous devez penser que les réflexions abondaient et sur le paysage et sur tous les petits incidents de la route. Cependant, un geste du cocher nous rappelle à notre devoir: il nous montre un petit coin de terre qu'il appelle le champ des pois. Je conserve encore de ces pois recueillis là, il y a seize ans, et bien d'autres en ont recueilli avant et après moi, la terre ne produit pas autre chose en punition d'une réponse grossière du maître du champ à la Vierge qui passait. Nous ne nous y arrêtons pas non plus qu'au tombeau de Rachel que nous voyons blanchir sur le bord de la route; nous avons hâte d'arriver au terme, car déjà les ombres de la nuit descendent.

Enfin, à notre gauche nous voyons ou nous devinons une vallée qui se trouve fermée devant nous par une montagne en forme de croissant ou de fer à cheval; c'est sur cette montagne qu'apparaissent comme une masse grise les maisons de Bethléem. Pas de porte, mais la rue s'ouvre d'abord bien large pour se rétrécir par intervalles en couloirs étroits; les Bethléémites se pressent dans la rue contre leurs maisons et paraissent fort sympathiques aux visiteurs; quelques-uns même saluent avec effusion. Ce n'est plus le temps où Marie et Joseph ne trouvaient pas dans la cité une place où se reposer; nous avons là une gracieuse et cordiale hospitalité. Quels aimables hôtes que ces bons Pères franciscains! quelle simplicité et quelle charité! Nous courons à leur couvent tout proche de l'église de la Na-

tivité et leur premier soin est de nous conduire à la grotte bénie où notre Sauveur vint en ce monde. Quand on se trouve dans cette caverne obscure où les lampes répandent une lumière mystérieuse, lorsqu'on voit ce lieu où reposa Jésus, petit enfant d'un jour, impossible de ne pas coller ses lèvres sur la pierre et de ne pas laisser passer tout son cœur dans ce premier baiser. Mais ce n'était qu'une première visite; après avoir pris notre petite réfection, nous y sommes revenus encore et c'est vraiment délicieux de prier là, dans le calme, le recueillement, le silence. Cette nuit-là, nous avons eu notre gîte sous le toit de l'Enfant-Jésus, gîte moins pauvre que l'étable, mais la mince couchette franciscaine a sa douceur quand on pense à la paille de la crèche et quand on se dit: « Tout à l'heure, les anges vont venir m'inviter à aller adorer le Sauveur ». En effet, au milieu de la nuit, vers deux heures du matin, le signal est donné. Pas de lumière éclatante, pas de chants célestes, mais on dirait que quelque ange murmure à l'oreille: « Jésus est né » et qu'on entend les suaves et ravissantes notes du *Gloria*. Dans tous les prêtres qui sont là, un tremblement a passé, comme celui qui nous fit tressaillir à notre première Messe de minuit; un vieillard, trois fois pèlerin, retrouvait, pour courir au saint berceau, toute l'ardeur de ses jeunes ans. Nous descendons les étroits escaliers, les corridors qu'éclaire à peine une lampe fumeuse; traversant un premier sanctuaire, puis un second, nous nous engageons dans un escalier tournant, fort obscur; au bas, dans le rocher où celui-ci semble creusé, des lampes éclairent une petite absIde et à leur lueur on lit sur le pavé: « *Hic Jesus Christus natus est de Maria Virgine* ». C'est un trait qui va droit au cœur et qui vous force à fléchir le genou. Vous baisez cette pierre de jaspe qui marque le lieu de la naissance de notre Sauveur, sans pouvoir vous en détacher. Vous pensez bien que les souvenirs reviennent en foule. Marie était là, on la voit dans son extase d'amour pressant contre son sein le divin Enfant que le Ciel vient de donner au monde; ici, les anges étaient en adoration, St Joseph prosterné dans l'admiration et la reconnaissance; le bœuf et l'âne reposaient en quelque coin de cette obscure demeure. On se relève que pour mieux considérer l'étroite abside avec les mosaïques qui la décorent, les quinze lampes qu'y entretient la piété chrétienne, pour s'incliner et baiser encore cette terre bénie, sanctifiée par la présence de Jésus naissant.

On ne prend pas garde que la grotte s'étend en une chambre de douze mètres de long sur trois ou quatre de large et que tout à côté, il y a un autre sanctuaire également cher au pèlerin. Il est cependant bien gracieux l'oratoire de la crèche, creusé aussi dans le rocher, bas, étroit, mais consacré par de si doux souvenirs! D'un côté, la crèche, excavation dans le roc revêtu de beau marbre blanc, et vis-à-vis, un petit autel qui est petit dans ce sanctuaire où Jésus s'est fait petit enfant, c'est là que se trouvait Marie quand elle offrit Jésus à l'adoration des Mages, c'est là aussi que nous disons la sainte Messe. Nous nous trouvons à Noël; c'est la nuit, le recueillement est parfait, le silence profond; pas de voix d'artiste pour chanter: *Minuit, chrétien*, mais quelque chose de cette indéfinissable paix qui remplit l'étable depuis que les anges ont chanté là: *Et in terra pax*. Nous étions à la place des Mages, comme eux, fléchissant le genou, offrant des présents mystiques au lieu des riches offrandes des pèlerins de l'Orient. Unis aux concerts des Anges, représentants de l'Église de la terre, nous mêlions notre voix aux cantiques du Ciel. Noël! Noël! joie du peuple chrétien, joie du pèlerin qui reçoit Jésus en son cœur et fait revivre toutes les scènes du saint Évangile! Là, j'ai compris le saint enthousiasme des amis de la Sainte Enfance. Un seul jour en ce sanctuaire est meilleur que mille partout ailleurs. Il fait bon au Thabor, mais la gloire du Seigneur m'éblouit; il fait bon au Calvaire, mais la charité divine y a des torrents qui vous renversent; à Bethléem, l'amour coule comme le miel et s'insinue avec tant de douceur qu'on ne perd pas une goutte de sa suavité. Oui, je comprends S. Jérôme qui voulut passer sa vie et mourir à Bethléem. Je laissai mes confrères se livrer aussi à leurs saintes joies, je quittai un instant la sainte grotte... pour avoir le plaisir d'y revenir.

Quand le soleil s'est levé radieux et a tout éclairé de sa blanche lumière, le Père Gardien nous conduit sur la terrasse du couvent. Quel splendide panorama! Devant nous, à nos pieds, descendent des jardins en terrasse qui s'en vont à la vallée des Caroubiers, et forment là comme une gracieuse abside renversée; les oliviers, les figuiers, les caroubiers et surtout les vignes les épaississent de verdure; à notre gauche on nous montre, sur la pente, la citerne de David; plus haut se déploie la cité avec ses charmantes habitations, puis des collines qui se succèdent et s'ennoblissent en quelque sorte jusqu'à Jérusalem; à l'est, au milieu des champs et des habitations, s'étagent les maisons de *Bethesour*, le poétique village des pasteurs et tout à côté un charmant enclos d'oliviers avec la grotte où ils veillaient, en gardant leurs troupeaux, lorsqu'ils entendirent, pendant la nuit de Noël, les joyeux cantiques des Anges. Tout près de nous enfin, l'église de la Nativité, les couvents grecs et le modeste couvent franciscain avec son petit jardin où croît toujours l'oranger planté par S. Jérôme.

Mais voici que notre caravane est arrivée; déjà plusieurs Prêtres se sont succédé aux divers autels et la grand'messe va commencer à la grotte. Rien de touchant comme ce spectacle de pèlerins exécutant là les chants de leur patrie avec les chants de l'Église; malgré le soldat turc qui veille près de la crèche, nous sentons que nous sommes chez nous, et la piété prend toute son expansion; aussi je vois les larmes couler et, dans l'attitude, la physionomie de ces Prêtres, de ces religieuses françaises qui s'unissent à nous, il y a tant de foi et tant de bonheur!

Nous jetons encore un coup d'œil sur la grotte bénie; nous voulons, à travers les sombres tentures qui le recouvrent, toucher de nos mains le rocher de Bethléem, suivre tous les couloirs qui composent la grotte. Un oratoire dans l'excavation où reposait St Joseph lorsqu'il reçut d'un ange l'avertissement de fuir en Égypte; un oratoire aux Saints-Innocents, au lieu même où plusieurs de ces saints enfants furent massacrés entre les bras de leurs mères; un oratoire à St Jérôme dans

la cellule souterraine où il se livrait à ses
études scripturaires, nous rencontrons
partout des souvenirs des amis de l'Enfant Jésus.

Restait un monument intéressant à visiter pour lequel il nous fallut le grand
jour, la basilique de la Nativité. Magnifique ce vaisseau à cinq nefs, avec sa char-
pente sans voûte, admirable en sa majestueuse simplicité! Avec quelque attention
on remarque de riches restiges des fines
mosaïques dont les empereurs chrétiens
avaient décoré les murailles. Hélas ! les
Grecs s'opposent à toute restauration,
tout tombe en ruines et l'édifice n'est déjà
plus qu'une place publique où l'on vient
chercher un abri ; le sanctuaire appartient
aux schismatiques qui l'ont séparé de la
nef par un mur.

La place qui s'étend au devant de la basilique s'anime du va et vient continuel
des petits marchands d'objets de piété en
bois d'olivier ou en nacre, travaillés par
des Bethléémites, des curieux qui sont
nombreux ici comme partout, et surtout
des mendiants qui sollicitent le bakchich
avec une instance, une persévérance et
quelquefois une grâce à laquelle on ne
résiste guère. On ne rencontre que visages épanouis ; paysage, monuments, habitants, on trouve partout un reflet de la
paix que les Anges ont chantée, et du
rayonnement des sourires de l'Enfant
Jésus.

Je ne puis mieux résumer mes impres-
sions qu'en citant les paroles d'un religieux pèlerin, au XVII° siècle. « De tous
les voyages que font les pèlerins de Terre
Sainte, il n'y en a aucun qui leur donne
tant de contentement et d'allégresse inté-
rieure que celui de Bethléem ; j'en parle
pour l'avoir non seulement ouï dire, mais
en avoir fait une si douce expérience que
la seule mémoire me fait encore à présent
goûter je ne sais quelle douceur que je ne
peux expliquer ». Puissé-je avoir assez
bien rendu la physionomie de la petite cité
de Juda, pour que vous disiez comme les
bergers : « Allons à Bethléem, et voyons,
nous aussi, les merveilles qui s'y sont
accomplies », car, « tous ceux à qui Dieu
a fait la grâce de voir baiser et toucher le
lieu de la naissance du Sauveur, ils en di-
ront merveilles et confesseront qu'en le

baisant, il leur semble sucer un nectar
délicieux. »

Il m'en a coûté, je l'avoue de quitter
Beth'éem ; aussi, quand je revins sur la
place, après avoir fait mes dévotions et
mes petites excursions, tous mes compagnons de route étaient en voiture, je me
hâtai de prendre place.

Je dois dire que, dans ma précipitation,
j'avais oublié la moitié de mes bagages.
En avant, quand même. Une lutte
de vitesse s'engage entre nos cochers,
lutte dont les voitures pourraient bien
payer les frais. En effet, à peine avons-
nous quitté la ville que l'on remarque un
certain émoi dans la troupe ; c'est une de
nos voitures antédiluviennes qui vient de
s'endommager. Il nous fallut recueillir les
naufragés, nous tasser au fond de notre
étroite crèche ; encore, par malheur, un
des nouveau venus était de dimensions à
payer au moins double place. Enfin, nous
reprenons notre course échevelée. Nous
laissons derrière nous les monts de Moab,
le superbe Hérodion ou Mont des Francs ;
à notre gauche, à mi-côte, dans un repli
de terrain, un groupe de maisons blanches
éparpillées dans la verdure, c'est Beitdjal-
la. Quelques villages nous apparaissent
dans la plaine toute éclairée des rayons
du soleil du midi ; la route a plus de lumière qu'à notre premier passage et ces
campagnes ensoleillées sont toutes sou-
riantes ; aussi la joie déborde.

Nous avons longé la vallée d'Hinnom
presque tout entière ; nous changeons
tout à coup de direction, alors notre allure
devient moins rapide, mais les ardeurs du
soleil ne se ralentissent pas. Rien sur notre chemin que des champs sans verdure
ou des rochers nus jetés à distance les
uns des autres comme des pierres de
mosaïques sur un sol desséché. Du point
culminant de la montagne nous apercevons sur une hauteur voisine le couvent
grec de Ste-Croix plus loin le Nébi Samouïl,
petite mosquée où se trouve le tombeau du
dernier Juge d'Israël;enfin,presque devant
nous, un beau petit coin de la Méditerranée.

Après une heure de marche, nous voyons
se creuser une vallée dont un large ruban
de verdure marque le fond, et à la partie
supérieure de laquelle, sur un plateau in-

cliné, s'étagent des groupes de maisons ; on l'appelle communément la vallée de Thérébinthe, je ne sais si c'est là qu'il faut voir le champ de bataille des Philistins, peut-être Goliath franchit à pas de géant le ruisseau qui coule au fond du ravin et c'est là que David, alors jeune berger recueillit la pierre dont il arma sa fronde meurtrière. Cependant les savants ne pensent pas comme le peuple. Sans nous inquiéter de ces divergences, nous nous laissons glisser un instant sur la pente ; quand elle devient trop rapide, nous mettons pied à terre et nous nous dirigeons vers la charmante oasis qui s'étend à nos pieds comme un tapis de verdure ; là, tout est riant, gracieux, c'est sans doute que la Vierge immaculée a passé là, elle y a laissé une empreinte ineffaçable de joie et de consolation. Voici la fontaine où elle venait puiser, l'eau y est limpide et abondante, des femmes puisent de l'eau dans une amphore ; d'autres y lavent leur linge pendant que leurs petits enfants prennent leurs ébats sur le bord, toutes nous regardent avec un air d'étonnement. Un chemin tracé sur le versant opposé nous conduit par une pente douce à un petit édifice, c'est le sanctuaire de la Visitation ; nous sommes à *St-Jean-in-Montana* que les musulmans appellent Aïn-Karim, la source de Karim (1).

Sur le seuil de la porte étroite qui s'ouvre devant nous, s'avance gracieusement un Père franciscain qui nous introduit dans la cour pavée servant d'avenue à la chapelle. Au milieu s'élève la margelle carrée d'un puits ; vous pouvez penser que plus d'un en profita pour se désaltérer, elle est si fraîche l'eau de la source de Ste Elisabeth ! Devant nous est le sanctuaire, une modeste chapelle, élevé au lieu même où la Sainte Vierge rencontra sa cousine Ste Elisabeth, il y a là tant de souvenirs d'humilité et de charité ! on reconstitue facilement la charmante scène de la Visitation, on entend la salutation de la mère de S. Jean-Baptiste à la mère de Jésus, et dans ce sanctuaire où abonde la

lumière, l'[....] se remplit des sentiments qui firent éclater le cœur de Marie en un chant de reconnaissance : « *Magnificat anima mea Dominum*, le cantique, tombé ici pour la première fois des lèvres de la Vierge bénie, répété depuis dix-huit siècles par la foule chrétienne, nous le chantons à notre tour, et il nous semble que nous sommes plongés tout entier dans l'atmosphère de joie qui fit tressaillir le saint Précurseur. Nous voyons là, encastré dans le mur de droite, un rocher qui lui servit de cachette pendant la persécution d'Hérode.

A droite, en entrant à l'église, un étroit escalier conduit à une terrasse supérieure ; là s'élevait jadis une église avec un couvent, en l'honneur de S. Zacharie, sur l'emplacement de sa maison ; nous y redisons les paroles prophétiques : *Benedictus Dominus Deus Israël*.

Il nous faut maintenant redescendre la pente, traverser de nouveau le ravin et gravir le versant du côté de l'Est ; de ce côté au milieu d'un vrai bosquet, un établissement couronne la hauteur ; les pèlerins ont à cœur de le visiter, c'est l'Orphelinat des Dames de Sion. Impossible de dire la cordialité de l'accueil qui nous est fait. Nous prions dans la gracieuse chapelle, nous visitons les alentours et, à travers les jardins, nous arrivons à un gracieux petit pavillon, c'était, il y a quelques années, la demeure du P. Alphonse-Marie de Ratisbonne si connu dans les Annales de la dévotion à la Ste Vierge. Tout y est encore dans le même état qu'en 1884, au moment où le pieux serviteur de Marie rendit le dernier soupir ; tout y respire encore le calme et la paix d'une douce mort et comme un parfum de sainteté. On y sent que la pieuse Communauté de Sion environne ce sanctuaire d'une affectueuse vénération aussi bien que la tombe sous laquelle repose le vénéré fondateur.

Pendant que nous prenons, sous les arbres de la cour, un rafraîchissement gracieusement offert, une quarantaine de jeunes orphelines nous chantent un délicieux cantique. La douce mélancolie de la musique et de la physionomie des jeunes enfants nous touche, surtout au souvenir de la France vers laquelle nous reportent les charmants couplets. Pauvres enfants,

---

(1) Probablement le c'est l'ancien village de *Kerem*.

elles bénissent la patrie qui a fait briller un rayon de joie sur leurs jeunes fronts ! Ah ! qu'elle est bonne la France chrétienne et si elle savait quels trésors de consolations elle répand ici !

Il nous reste à voir encore un sanctuaire; il n'est pas loin de nous; en quelques minutes, nous sommes sur le flanc de la colline où s'élève l'église paroissiale de S. Jean-Baptiste. Un escalier double, en marbre, donne accès à un palier qui sert de vestibule; on se trouve alors en présence d'une jolie église à trois nefs, pavée en marbres de diverses couleurs qui constituent une sorte de mosaïque. Le maître autel est consacré à S. Zacharie et à S. Jean; à droite, une chapelle en l'honneur du mystère de la Visitation ; à gauche, une chapelle souterraine où, sous l'autel de marbre, une ouverture circulaire indique le lieu où vint au monde celui qui a été appelé par le Sauveur le plus grand des enfants des hommes. Là, quand chacun se demande quel sera l'enfant qui vient de naître, son père s'écrie dans une extase prophétique : « *Benedictus Dominus Deus Israel....* Nous chantons aussi le saint cantique de Zacharie, en bénissant Dieu qui nous donna ici celui qui prépara les voies au Sauveur et annonce l'Agneau qui efface les péchés du monde. Ici, rien encore qui sente l'austérité du désert; en jetant les regards vers le Sud-Ouest, nous apercevons le sommet aride où le saint Précurseur, dans la solitude, donnait l'exemple de la pénitence qu'il allait prêcher au peuple d'Israël (1).

Près de l'église, il y a un couvent fran-

ciscain solidement bâti que nous tenons à visiter ; le repos sous les tonnelles y est très agréable et l'hospitalité franciscaine y est fidèle à ses traditions. C'est de là que nous regagnerons la route où nous avons laissé nos voitures ; un groupe d'enfants nous fait escorte ; les uns nous tendent les mains vides, les autres les ont pleines de petits objets en bois d'olivier, tous sont gracieux comme de petits S. Jean. Lorsque nous sommes en voiture, ils ne nous abandonnent pas, nous entendons murmurer en notre langue les paroles de l'*Ave Maria*. Sur les lèvres d'une enfant, en face du sanctuaire de la Visitation, dans le pays de St-Jean, c'était doux à nos oreilles comme la plus suave des mélodies et nous ne nous lassions pas de l'entendre, un *bacchich* en obtenait la répétition, la prière avait toujours le même charme. Cependant les chevaux prennent le trot, les mêmes paroles résonnent encore à nos oreilles : « Je vous salue, Marie ». Une heure après, Jérusalem nous apparaissait enveloppée des premières ombres de la nuit ; ses coupoles avaient une teinte plus grise, son aspect nous semblait plus mélancolique, c'était l'heure de la prière. A la fin de cette journée, elle montait vers Dieu animée des sourires de l'enfant Jésus, des accents du *Magnificat* et du *Benedictus*, pleine de joie, de reconnaissance et d'amour.

Il est temps de prendre un peu de repos ; plus de mouvement ni de bruit au 4e étage, sinon les ronflements de mon voisin : *Custodi nos, Domine, ut pupillam oculi...*

---

(1) Une tradition recueillie en 870 indique Ain-Karim comme la patrie de S. Zacharie et de S. Jean-Baptiste; depuis deux cents ans, les savants contestent cette tradition et placent la patrie de S. Jean-Baptiste à *Joutta*, village au sud d'Hébron. Or, récemment le docteur Schik, protestant,

demeurant à Jérusalem, traitant la question *ex professo*, déclare : « Il ressort d'une manière évidente de l'histoire, de la tradition et de la nature de la localité qu'Ain-Karim avec Mar-Zacharie est le lieu de la naissance de S. Jean-Baptiste.»

DIXIÈME LETTRE

Les différentes sectes au S. Sépulcre. — Le chemin de la Croix — Procession aux Lieux Saints. — Mur des pleurs des juifs. — Synagogue juive. — Ste Anne et le berceau de la Ste Vierge. — La France à Ste Anne. — N. D de Sion — Eglise protestante. — Tour de David. — Lieu du Martyre de S Jacques le Majeur. — La maison d'Anne — Maison de Caïphe. — Vallée de Josaphat. — Le Cénacle. — Le lieu de dormition de la Ste Vierge.

Jérusalem, 16 septembre 1899.

Après les joies de Noël, viennent les tristesses du Vendredi Saint : hier, nous avons eu le Chemin de la Croix dans les rues de Jérusalem pendant la matinée, le groupe des pèlerins avait sa station à St-Etienne que je n'ai pas jugé utile de visiter de nouveau, je suis donc allé à la basilique du St Sépulcre pour y célébrer la sainte Messe ; les Pères franciscains sont toujours à la disposition des Prêtres pour donner les ornements, désigner les autels ; toujours aussi des enfants quelquefois même de grands jeunes gens se disputent l'honneur de servir à l'autel, pas un chrétien à Jérusalem qui ne sache remplir cette fonction laquelle ne manque pas d'être quelque peu lucrative ; les petits servants de retour à la sacristie sont heureux de baiser la main surtout lorsqu'elle leur offre quelque pièce de monnaie française. Ce jour-là, l'autel qui m'échut était celui de Ste Madeleine, j'en fus heureux. C'est si touchante scène de l'humble pénitente qui cherche son Maître interpellant

celui qu'elle prend pour le jardinier ; on comprend ici tout ce qu'il y a de prévenance dans l'appel du Sauveur : *Maria*, de respectueuse tendresse dans le *Rabboni*, de céleste et de divin dans ce mot : *Noli me tangere*. (1)

J'eus ensuite le temps de jouir du Saint-Sépulcre ; à cette époque les visiteurs ne sont pas nombreux, cependant toujours on rencontre quelques fidèles agenouillés pieusement aux divers sanctuaires, surtout au saint tombeau ; les Grecs font des prostrations, des signes de croix à n'en pas finir ; on voit d'autres pèlerins se courber sur la pierre où fut plantée la croix et y rester longtemps prosternés ; quand ils se relèvent, leurs yeux sont tout mouillés de larmes. D'autres ont une dévotion particulière à la Madone du Calvaire et ne se lassent pas de fixer leurs yeux sur cette Vierge au cœur percé d'un

(1) L'expression grecque se traduirait mieux par *Noli me toucher*.

glaive. On va, on vient à travers l'église, de même qu'à la grotte de Lourdes ou à la Salette, comme si c'était en campagne ouverte, mais toujours avec respect. Là, toujours des prêtres grecs ; leurs habitations étant adjacentes à la basilique, ils y sont presque continuellement. On les voit arriver avec leur physionomie dure, leurs hautes toques noires qui laissent échapper une longue natte de cheveux graisseux ; ils s'installent aux sanctuaires, passent des heures debout, soit au Calvaire dans l'entrevoure de leur porte, impassibles spectateurs de la piété du peuple, soit au Saint-Sépulcre comme distillateurs d'eau de rose. Ils ont la réputation d'être en général cupides, ambitieux, vaniteux, susceptibles ; chez eux le plus souvent les dignités s'achètent et leur ministère est vénal ; les Arméniens et les coptes schismatiques n'ont pas plus de dignité, et, comme eux aussi, cela leur place au Saint-Sépulcre, il en résulte des discussions, des querelles, même des batailles, souvent pour des raisons d'une importance tout à fait minime. C'est une des tristesses qu'on éprouve à Jérusalem de voir ainsi les lieux saints devenus un sujet de discorde et livrés entre les mains des ennemis de la vraie foi, mais on se console en pensant que toutes les Communions chrétiennes aiment Jésus-Christ et que toutes rendent témoignage à la vérité de l'histoire évangélique. La Providence fait bien ce qu'elle fait : si les Turcs cessaient d'être les maîtres de la Terre Sainte, la malédiction du Sauveur ne pèserait plus sur elle, elle se transformerait bien vite en lieux de plaisirs et la religion n'aurait rien à y gagner. Tout en faisant ces réflexions, je m'acheminais vers la *Casa Nova* pour rejoindre mes amis et me préparer à la Cérémonie de la seconde partie de la journée.

A trois heures, une foule assez nombreuse se massait dans la rue de la porte St-Etienne au-delà de l'arc de l'*Ecce homo* ; il y avait là des députés de toutes les familles religieuses de Jérusalem : Frères des Ecoles chrétiennes, Filles de la Charité, Sœurs de St-Joseph, etc., un certain nombre de laïcs, des jeunes gens, des enfants. Tous nous accompagnent à la caserne de l'*Antonia*, sur cette place où se dressait le *lisoe* ou tribunal de Pilate et où ce juge faible et inique prononça l'inique sentence qui livrait le Sauveur à ses bourreaux. C'est là que tous nous agenouillons d'abord, saluant et bénissant le *Christ* qui a racheté le monde par sa croix. Le R. P. Urbain-Marie, vicaire custodial, d'une estrade improvisée nous parle alors du mystère de la condamnation de Jésus et en fait d'admirables applications, puis la foule s'écoule lentement jusqu'au pied de la *scala santa*, où les pèlerins se chargent de la lourde croix ; c'est à qui aura l'honneur de porter le saint fardeau ; on parcourt ainsi les diverses stations jusqu'à la porte judiciaire, au milieu d'une population respectueuse ; les bruits des rues voisines, les cris des chameliers n'arrivent jusqu'à nous que pour donner à la cérémonie un cachet de couleur locale ; partout le prédicateur est écouté avec une attention sympathique et ce n'est pas sans émotion qu'on l'entend exposer les diverses circonstances de la Passion et en tirer des leçons pratiques souvent fort touchantes. La croix sur les épaules, prêtres et laïcs gravissent péniblement la pente de l'*cru*, jusqu'à la rue Bab-el-Amoud. Quant aux dernières stations, elles tirent du lieu où elles se font un caractère plus profondément religieux ; au Saint-Sépulcre, le dernier discours laisse les âmes sous l'impression des mystères de la douloureuse Passion et de l'amour immense du Sauveur pour les âmes.

Chaque jour, les Franciscains font, au chant des hymnes, une Procession aux diverses chapelles qui rappellent l'emprisonnement du Sauveur, la Flagellation, la division des vêtements, le Calvaire, etc. Le *hic* répété à chaque instant, c'est ici que Jésus a été emprisonné, ici qu'il a été crucifié, etc. est comme un glaive qui s'enfonce dans le cœur pour y graver l'amour du Sauveur. On se repose aux pieds de Marie, dans la chapelle de l'Apparition ; le chant des Litanies de Lorette vient adoucir les blessures de l'âme et y répandre un peu de cette joie que la Résurrection apporta au cœur de la Bienheureuse Mère de Jésus.

Il se fait tard, et cependant, nous nous engageons dans une excursion vers le *Tyropéon* :

« Bouchez-vous le nez », nous dit le P. Paul, en entrant dans la rue qui conduit au quartier juif. La recommandation n'était pas inutile ; nous avançons dans un couloir étroit, obscur, sale à faire peur ; c'est là que pullulent les juifs, on les rencontre à chaque pas, on les voit sur le seuil de leurs maisons, sombres, mélancoliques, et comme courbés sous le poids de leur réprobation ; nous ne serions pas en sûreté si nous n'avions pas avec nous un soldat qui nous garde. Ensuite ce sont des carrefours à nous égarer ; enfin nous aboutissons à une petite place de trente mètres de long sur quatre ou cinq de large, et couverte presque en entier de juifs récitant des prières. Il y en a là de toutes les catégories ; l'aristocratie ou les Séphardins, avec leurs chaperons fourrés et leurs longs manteaux de soie ; les Sionistes ou patriotes, pauvres gens maigres, étiolés, en guenille ; les Achkenazins, émigrés que l'Europe a expulsés et qui gisent dans quelque masure du ghetto ou à l'hôpital Rothschild, tous sont là, un livre à la main, quelques-uns tristement appuyés contre un vieux pan de mur de l'ancien temple de Salomon, qu'on appelle le mur des pleurs et là, ils se lamentent ; c'est un murmure prolongé de voix discordantes, un chant qui ressemble à des gémissements douloureux. Ils disent : « A cause du palais qui est dévasté... ; à cause du temple qui est détruit... ; à cause des murs qui sont abattus »... etc. et, à chaque invocation, hommes et femmes répondent : « Nous sommes assis solitaires et nous pleurons. » Leur attitude en effet est bien celle de la douleur, ils gémissent sur leurs malheurs, sur l'abandon où leur Dieu les a laissés ; ils s'attachent à ce mur, souvenir de leur grandeur passée, ils le baisent et le font baiser à leurs petits enfants ; ils appellent le Messie promis qui doit relever les ruines de leur temple ; ils tentent de fléchir le Ciel par leurs prières et leurs larmes ; aveugles qu'ils sont, ils espèrent toujours.

Mais j'en ai bientôt assez de cette monotone musique et je suis mon groupe à travers les mêmes ruelles tortueuses jusqu'à la Synagogue. On nous avertit de ne pas nous découvrir, c'est l'étiquette. Dans une grande salle carrée, on voit, au milieu, une sorte de tribune ; au fond, un rideau qui dérobe la vue du sanctuaire où est renfermé le Tabernacle contenant le livre de la loi ; de chaque côté du sanctuaire, un rabbin, les coudes appuyés sur un pupitre, donne le ton de la prière et, assis dans les bancs de chaque côté de la tribune, des juifs crassent coiffés de leurs chaperons, un livre à la main, récitent des Psaumes à haute voix, en balançant la tête, à droite, à gauche, en avant, en arrière, pour rythmer en quelque sorte leur chant. Voilà le spectacle que nous offre la Synagogue des Séphardins. Nous n'y prolongeâmes pas longtemps notre visite ; pour plusieurs raisons, surtout parce que nous ne voulions pas nous attarder dans ces quartiers ; le soleil venait de s'éteindre et, ici, la nuit suit immédiatement, sans crépuscule.

Combien plus consolante fut, le lendemain notre visite à Ste Anne. Après avoir célébré la sainte Messe au Calvaire, à l'autel de la Compassion, où je distribuai la sainte Communion à quelques religieuses, je me dirigeai vers la porte St-Étienne. C'était si bon, cette promenade matinale sur la Voie douloureuse ; le soleil versait une lumière si belle, si abondante, et, dans ces rues, il semble à chaque pas qu'on va rencontrer Notre Seigneur. A force de le trouver partout, on se familiarise avec lui, la foi se corrobore, et la douce figure du Sauveur est toujours là pour répandre la paix et la joie. Et puis, nous allions à Sainte Anne, cela réveille de si bons souvenirs ; c'est notre église nationale (1), les Religieux qui la gardent sont nos frères de France, tout nous dilate l'âme. Aussi, nous chantons là de notre mieux nos mélodies grégoriennes et prions pour la patrie que nous retrouvons ici toujours chrétienne. L'édifice est construit sur l'emplacement de la maison de St-Joachim et de Ste-Anne ; c'est le lieu de l'Immaculée Conception et de la Nativité de Marie et il y a une bien douce satisfaction à descendre dans ces

(1) En 1856, le Sultan Abdul-Medjid Khan, céda à Napoléon III l'emplacement de l'église Ste Anne et les terrains qui l'avoisinent. Les Pères Blancs s'y installèrent en 1878.

cryptes auxquelles la Tradition attache le souvenir d'événements si intéressants pour la piété chrétienne ; Bethléem est tout lumière ; ici, c'est l'aurore qui annonce le jour et quand, à la clarté mystérieuse des lampes, on aperçoit un charmant petit berceau où repose une gracieuse enfant, il y a au fond du cœur comme un écho ou un prélude des joies de la crèche ; ce n'est pas le triomphal *Gloria in excelsis*, mais l'*Ave, gratia plena* que les Anges durent chanter autour du berceau de l'aimable fille de Ste Anne et St Joachim. La douce figure des illustres parents s'illumine ici de celle de leur auguste enfant et on les invoque avec un sentiment de confiance reconnaissante.

Au moment où nous quittions la riche église française, les notes vives et éclatantes d'un concert se font entendre: ce sont les jeunes élèves (1) qui nous souhaitent la bienvenue de toute la sonorité douce et harmonieuse de leurs instruments et en même temps de leurs physionomies ouvertes et sympathiques ; volontiers nous entendons les notes brillantes de la *Marseillaise*; nous sommes chez nous, et, à voir ces enfants, à entendre leurs chants, on pourrait se demander si nous n'avons pas été subitement transportés en France, ou si quelque bonne fée n'aurait pas apporté en un clin d'œil le Petit Séminaire de Vaux ou le Petit Séminaire de Nozeroy à la cour de Ste Anne. Pour se détromper, il faut regarder le ciel qui est sans nuage et les montagnes qui sont sans verdure.

Nous avons goûté là de délicieux moments dont le souvenir demeurera longtemps. A la maison des Dames de Sion, l'accueil n'a pas été moins bienveillant ; on nous a fait visiter la chapelle où se dresse encore un arc de l'*Antonia*, et les sous-sols où l'on trouve le vieux pavé du *Lithostrotos* ; il y a dans l'établissement un orphelinat, des écoles, des œuvres que Dieu bénit ; nous en avons emporté les meilleurs souvenirs.

(1) Les Pères Blancs dirigent le Petit Séminaire grec catholique qui se compose d'une centaine d'élèves, et le Grand Séminaire compte 30 élèves.
(2) L'établissement des Dames de Sion doit son origine au pieux et vénéré P. Marie de Ratisbonne, le converti de la Médaille miraculeuse.

Notre dernière station était au S. Sépulcre. Le P. Paul nous fait l'histoire des différentes transformations qu'eut à subir le tombeau du Sauveur ; il pense qu'on a calomnié Ste Hélène en lui attribuant les bouleversements opérés dans les Lieux Saints. Le saint Tombeau a conservé sa forme primitive ; pour s'en convaincre, il n'y a qu'à le comparer à d'autres tombeaux taillés dans le roc, par exemple aux tombeaux de Zacharie et de St Jacques qu'on voit dans la vallée de Josaphat. Quant au Calvaire, les mutilations qu'il a subies, sont plutôt le fait des Grecs ambitieux et cupides. La sainte Impératrice n'a fait que dresser une immense tente pour abriter les lieux témoins de la mort et de la Résurrection du Sauveur.

Au-dessous du Calvaire, on nous montre la chapelle d'Adam où reposa, dit-on, le crâne de notre premier père. On aimerait à penser que le Paradis terrestre était là, que l'arbre de la science du bien et du mal ou l'arbre de vie était au lieu où a été plantée la croix, mais ce ne sont que de belles hypothèses ou de gracieuses rêveries. Du moins, dans cette anfractuosité du rocher, nous apercevons la fente qui se produisit à la mort du Sauveur, comme nous l'avons constaté déjà à la partie supérieure. Encore un baiser à la pierre de l'Onction, et nous suivons le P. Paul au temple protestant. Ne vous scandalisez pas, nous allons en curieux ; nous y apercevons bien une jeune diaconesse qui, accoudée sur son pupitre, récite ses prières et nous fait données sans doute plus d'une distraction ; mais l'objet de notre visite, ce sont les ruines amoncelées qui montrent que là, près du Calvaire, se trouvait l'ancienne enceinte de Jérusalem ; à cette occasion, le savant P. Paul nous donne une leçon d'archéologie que je serais bien embarrassé de reproduire.

Je réussirai peut-être mieux à vous décrire l'excursion que nous venons de faire: elle sentira sans doute la fatigue de la route: nous avons parcouru le mont Sion, c'est-à-dire toute la partie méridionale de la Ville Sainte.

D'abord, à la porte de Jaffa, nous avons pris dans la direction du sud-est une rue assez large, la seule que puissent parcourir les voitures ; à peine nous y étions-nous introduits que nous apercevions à droite une forteresse avec une haute tour construite en pierres blanches ; on lui donne encore le nom de Tour de David ; sa blancheur et sa force lui ont valu d'être la figure de la Sainte Vierge. Dans la rue qui conduit à la porte de Jaffa, le *New Hôtel* fixe à peu près l'emplacement de la maison de Bethsabée. Aux alentours, près des murailles, se groupent les tours *Hippicos*, *Phazaël* et *Marianne* qu'Hérode fit élever à l'ombre de la forteresse de David et décora de noms qui lui étaient chers. En continuant notre route, un portique à notre gauche, attire notre attention, il nous introduit dans une église où de jeunes clercs chantent l'office en langue arménienne. En même temps nous sommes tout éblouis par les riches décorations, tout est resplendissant de dorures qui étincellent au soleil. A gauche, une chapelle basse et étroite, avec un autel minuscule nous indique le lieu précis du martyre de S. Jacques le Majeur ; un peu plus bas, dans une autre chapelle, nous vénérons le tombeau de S. Macaire, évêque de Jérusalem, le même qui présida à la découverte des Instruments de la Passion. Du côté droit, s'ouvre une autre église presque aussi vaste, mais moins ornée que la première, elle renferme, incrustées dans le mur à droite, une pierre du Sinaï, une pierre du Thabor et une autre du Jourdain. De là nous passons à la maison d'Anne ; il nous faut traverser un couvent de Diaconesses ou plutôt de Veuves. Chez les Grecs où les Prêtres sont mariés pour la plupart, il est interdit aux Veuves des Prêtres de convoler à de secondes noces, mais alors on pourvoit à leur existence ; elles forment, à Jérusalem une sorte de béguinage, menant une vie pieuse sous la direction du Patriarche ; dans leur église se trouve un oratoire fort étroit qu'on donne pour le lieu de l'Interrogatoire de Notre-Seigneur, où il reçut un infâme soufflet. De même au-delà de la porte de Sion, on nous montre la prison où le divin Sauveur passa la première partie de la nuit du Jeudi Saint ; ce cachot se voit à droite de l'autel arménien ; il peut contenir à peine deux personnes ; on en sort le cœur serré, et c'est pour entrer dans la cour du Caïphe où l'on croit voir

encore les soldats se chauffer aux tisons embrasés, où il semble entendre glapir la servante et Pierre renoncer son Maître ; on pénètre dans les douleurs du Cœur de Notre-Seigneur ; on en est en quelque sorte imprégné, saturé, et plus on les approfondit, plus on voudrait en méditer le souvenir.

Nous avançons de quelques pas et, à notre gauche, le P. Paul nous fait remarquer une petite colonne dressée contre un mur neuf de pierre rouge ; elle rappelle, nous dit-il, l'endroit où les Juifs tentèrent d'arrêter le cortège de la Ste Vierge au moment où on la portait au tombeau ; la main audacieuse qui osa toucher le brancard, y demeura attachée et le bras paralysé. En quelques instants, nous étions près de la muraille, au sud-est de Jérusalem, sur une pente couverte de pierres et de débris de toutes sortes. Les brèches des murs démantelés nous permettent de voir au loin autour de nous. D'abord du côté du nord, le mont *Scopas* ; au nord-est, le *Viri Galilæi* (1) ; à l'est, le mont des Oliviers, le mont du Scandale, sur lequel Salomon éleva des temples aux dieux de ses femmes, et au-dessous le *Zoeleth*, un banc de rocher formant corniche où Adonias donna un festin à ses partisans pour se faire proclamer roi. Entre ces montagnes et le mont Sion, se creuse la vallée de Josaphat au fond de laquelle coule le Cédron. Au nord de cette vallée, on aperçoit l'église de l'Assomption, la grotte de l'agonie et le jardin des Oliviers, puis, en venant vers le midi, à la rive gauche du Cédron, le tombeau monolithe d'Absalon, les tombeaux de S. Jacques et de S. Zacharie ; devant nous la fontaine de la Vierge, plus au sud, la piscine de Siloé qui nous rappelle la guérison de l'aveugle-né et le village de Siloé, au flanc de la montagne du Scandale où les maisons creusées

---

(1) Ce serait sur ce sommet que les Apôtres, après l'Ascension, rencontrèrent deux hommes qui leur dirent : « *Viri Galilæi*, Hommes de Galilée, pourquoi vous tenez-vous là ? » Ce lieu s'appelait *Galilée* parce que les Galiléens y venaient passer les fours de fête ; il est probable que Notre-Seigneur y apparut aux Apôtres selon ce qu'il avait dit aux saintes Femmes : « Allez, dites à mes frères qu'ils aillent en Galilée, c'est là que je les verrai ».

dans le rocher ressemblent à des tombeaux ; plus bas les jardins du Roi, le puits de Job qu'on appelle aussi le puits de Néhémie parce que ce Prêtre, après la captivité de Babylone, y retrouva le feu sacré du temple que Jérémie y avait fait cacher. Tout à fait à notre gauche, s'ouvre la vallée d'Hinnom qui vient se souder à celle de Josaphat ; au-delà, le mont du Mauvais Conseil avec la maison de Caïphe où fut résolue la mort du Sauveur, et à ses pieds, le champ du Sang payé avec les trente deniers de Judas ; enfin tout à fait à nos côtés, les pentes de l'Ophel et au bas le pont jeté sur le torrent où le Sauveur fut précipité dans la voie de la captivité. Nous ne nous lassons pas de plonger nos regards au fond de cette étroite vallée qui éveille tant de pensées et où se réunissent tant de souvenirs ; partout aussi nous y rencontrons des tombeaux, on les voit blanchir par milliers dans le vaste ossuaire.

Cherchons maintenant le chemin que suivit Jésus lorsque, de Béthanie il revint à Jérusalem pour y célébrer sa dernière Pâque ; il passa à peu de distance du lieu où nous sommes ; peut-être gravit-il cette pente qui s'incline à notre droite ; là, nous trouvons les traces de S. Pierre et de S. Jean qui vinrent faire les préparatifs de la Cène et c'est ici le lieu où ils rencontrèrent celui qui portait un vase rempli d'eau. Revenant donc sur nos pas, nous trouvons au milieu d'un groupe de maisons, une mosquée massive avec sa coupole et son minaret : voilà le Cénacle. Hélas ! depuis 1551, l'édifice est entre les mains des Musulmans qui, sous le vain prétexte qu'on y trouvait le tombeau de David, ont voulu en avoir la possession exclusive. C'est dire que c'est un temple délabré et désert où l'on ne fait que passer et où rien ne rappelle les mystères qui s'y sont accomplis. Providentiellement, la disposition de l'édifice a été conservée ; il est partagé en deux étages : au bas, le lieu du lavement des pieds ; à l'étage supérieur, la salle sanctifiée par l'institution de l'Eucharistie, l'apparition de Notre-Seigneur aux douze apôtres après sa résurrection et la descente de l'Esprit-Saint. Cette dernière salle est la seule visible, on y arrive par un escalier en pierre, étroit et rustique,

collé au mur ; une porte vulgaire introduit dans une sorte de chapelle divisée en deux nefs ogivales par de petits piliers et éclairée par trois fenêtres du côté du sud ; à l'angle sud-est, un escabeau de quelques marches pour conduire au Cénotaphe de David ; au nord, une grille ou une sorte d'alcôve fermée avançant de quelques pas dans la salle ; au dessous de la fenêtre du milieu, un mihrab, voilà absolument tout ce qu'on voit au Cénacle. La prière chrétienne y est interdite, mais les sentiments du cœur n'y perdent rien de leur ardeur. C'est là qu'a été institué le plus auguste des sacrements et que s'est accompli, pour la première fois, ce prodige d'amour qui ravit les âmes d'admiration et de joie. C'est là qu'a jailli du Sacré Cœur, ce Sacerdoce qui éclaire et embrase le monde depuis des siècles, là que l'Église a été animée de cette vie qui, malgré tous les assauts de l'Enfer, lui assure la durée des siècles. Mais, quand on se demande la place qu'occupait ici le Sauveur, quand on se pense aux tressaillements de son cœur ; quand on cherche à se représenter sa physionomie, son regard, le cœur se serre, il y a un frémissement qui passe dans l'être tout entier. Une première Communion, une première Messe, c'est déjà si touchant, mais ici, où Jésus est le Prêtre, le Pontife ; dans cette salle décorée, comme dit l'Évangile, recueillie, la veille de la Passion, quand les conspirateurs sont à la porte, devant les excès d'amour et de douleur, comment étouffer la prière reconnaissante ? Malgré toutes les défenses, nous tombons à genoux et nous versons, à plein cœur, la part brûlante de nos prières. Le gardien a bien l'air de s'émouvoir un peu, mais il a si grand désir d'avoir un bon bacchich !

Un instant après, nous étions sur l'emplacement de la maison où la Sainte Vierge s'endormit pour vivre, trois jours après, d'une vie immortelle. Aujourd'hui, le terrain de la dormition est entièrement clos de murs. L'Empereur d'Allemagne qui l'a payé fort cher au Sultan en a fait don à la Société de Cologne, au nom de tous les Catholiques allemands. Un habile architecte a dessiné le plan du sanctuaire qui sera élevé en cet endroit et du couvent qui y sera annexé. Déjà, les fouilles ont commencé et nous y avons vu des tronçons de colonnes d'assez beau fût appartenant à une ancienne église. Bientôt il y aura là un nouvel édifice et alors, si on ne prie pas au Cénacle, on priera aussi près que possible, puisque la maison de la Sainte Vierge n'était qu'une dépendance de la maison de Joseph d'Arimathie. En attendant, nous disons sur les ruines, un bon *Ave Maria*, pour demander la grâce d'une bonne mort pour nous et les nôtres. Puis, prenant la direction de l'ouest, ayant au nord les murs de la ville, au sud les murs de clôture du cimetière, je m'en viens aussitôt à la porte de Jaffa et de là au S. Sépulcre, pour y faire ma prière du soir.

Le Salut du S. Sacrement se donnait à la chapelle des Sœurs réparatrices, près de la *Porte-Neuve* et à peu près vis-à-vis l'Hôpital de S. Louis ; il était bien juste d'aller s'unir à ces âmes généreuses dans leur hommage au Sacré-Cœur de Jésus et de donner à l'œuvre nos meilleures sympathies. La journée se terminait ainsi sous la main bénissante du Sauveur dont nous avions suivi les traces.

Il nous reste à voir encore bien des choses du plus haut intérêt ; je me réjouis de vous en faire part dans ma prochaine lettre.

ONZIÈME LETTRE

Hommage au S. Rédempteur. — Une famille maronite. — Les agapes fraternelles. — La Mosquée d'Omar. — Le sommet du mont des Oliviers. — Le Carmel du « Pater. » — Bethphagé. — Béthanie. — Le « Dominus flevit. » — Dernier chemin de Croix. — Les adieux.

————————

Jérusalem, 18 septembre 1893.

Nous sommes venus à Jérusalem pour offrir au Rédempteur un hommage solennel, c'est hier, jour de la fête de Notre-Dame des Sept Douleurs, que nous avons accompli cet acte de foi et de piété chrétienne ; ce jour sera encore pour moi un jour d'inoubliable souvenir. La Grand' Messe a été chantée à l'église patriarchale, Sa Grandeur Mgr *Appodia*, évêque auxiliaire de Jérusalem, avait daigné nous honorer de son assistance au trône et de nombreux fidèles remplissaient la nef. Après la Messe, l'acte de consécration fut prononcé par le célébrant au nom de tous les pèlerins et toute l'assistance répondit aux invocations des Litanies du Sacré Cœur ; cette manifestation à Jérusalem, près du tombeau du Christ, au moment où la France s'agitait autour d'un nom synonyme de Judaïsme et de trahison, avait un caractère particulièrement touchant : c'est la France disant au Christ qui l'aime : « *Tu scis quia amo te* : vous savez que nous vous aimons et que nous sommes à vous. »

C'était presqu'à la veille de notre départ, et j'avais à voir une famille maronite avec laquelle depuis seize ans j'entretenais d'amicales relations ; comme elle réside assez près du Patriarchat, j'en profitai pour rendre une dernière visite à ces bons amis ; j'ai été heureux de les retrouver : même gracieux accueil, même hospitalité charmante ; depuis seize ans, les enfants ont grandi, ce qui me vaut un ravissant air de *piano* à me faire croire que je suis chez quelque ami de France ; chacun n'y parlait pas ma langue, mais tous les visages exprimaient la même sympathie. On nous offre aussi les rafraîchissements du pays, voire même le narguileh dont, vous le savez, je ne suis pas très friand, mais que mon collègue encore novice, paraît déguster avec un singulier plaisir.

Le moment des agapes approchait. Nous étions à quelques pas de *Casa Nova* où nous arrivâmes presque aussitôt. Déjà on avait distribué à chacun les précieux souvenirs de Terre Sainte : des pierres de tous les sanctuaires, des chapelets de noyaux d'oliviers de Gethsémani, de l'huile d'olive de ces mêmes oliviers, et aussi les superbes dattes de pèlerin ; mais n'avions pas été oubliés cette distribution et, en arrivant nous prîmes notre place au festin. La table qui nous réunissait était bien entourée ; Mgr *Appodia* y présidait ayant vis-à-vis de lui M. le Consul général ; Le R. P. Custode, le R. P. Vicaire Custodial, le Rév. Vicaire général des Maronites, le R. P. Vic. général des Arméniens unis, un délégué du R. P. Supérieur de Ste Anne y avaient ensuite les places d'honneur. M. le Comte de Piellat, le généreux fondateur de l'hopital français ne pouvait y manquer. Tout se passa avec la plus parfaite cordialité. A la fin du repas, notre vénéré Directeur, M. l'abbé Potard exprime en termes choisis la vive reconnaissance des pèlerins pour Monseigneur Appolia, le Consul général, le R. P. Custode, le R. P. Philippe, Directeur de la Casa nova et tous ceux qui se sont montrés si bienveillants pour le pèlerinage des vacances ; des applaudissements répétés ont témoigné que M. l'abbé Potard était le fidèle autant qu'éloquent interprète des sentiments de tous. Un gracieux petit mot de Sa Grandeur Mgr Appolia nous apporte l'expression de son affectueuse sympathie, puis M. le Consul général fit entendre quelques chaudes paroles, pleines de religion et de patriotisme et vraiment on pouvait dire : « *Ecce quàm bonum et quàm jucundum habitare fratres in unum* ». Les bénédictions de Notre Seigneur viennent confirmer cette union, nous les recevons à l'église de St-Sauveur, qui remplace le Cénacle et jouit de ses privilèges.

On ne vient pas à Jérusalem sans visiter le temple de Salomon, et c'est l'infatigable P. Paul qui dirige encore la caravane. A l'Est de la ville, au milieu d'une vaste cour pavée qu'on appelle l'Haram-esh-Sherif (1) s'élèvent quelques monuments clair-semés au milieu d'une forêt d'arcs mutilés, de colonnes, de cyprès, d'oliviers, etc., et c'est là qu'était le temple de Salomon. Après avoir franchi la porte

d'entrée à l'ouest, on se trouve sur l'emplacement du parvis des Gentils où un chemin pavé conduit vers le sud à une *plate-forme* élevée de 6 marches d'escalier au dessus de l'esplanade ; autrefois s'y élevaient de magnifiques portiques et tout autour régnaient de longues galeries, c'est ce qu'on appelait le *parvis d'Israël* ; Notre Seigneur y vint à l'âge de douze ans, c'est là qu'il chassa les marchands et les changeurs, pardonna à la femme adultère, exalta la valeur du denier de la veuve et prédit la destruction du temple. Dans une autre cour est le parvis des Prêtres, avec l'autel des holocaustes dont il ne reste plus de trace. Un petit dôme supporté par dix-sept colonnes ne fait que rappeler une fiction Musulmane qui y place le Tribunal de David. Mais le monument principal, élevé sur l'emplacement du temple proprement dit, c'est la mosquée d'Omar, splendide édifice octogonal dont chaque pan a tant mètres de face. L'aspect extérieur même est d'une beauté ravissante ; le marbre blanc des assises, puis, plus haut, les faïences peintes de diverses couleurs, la coupole avec sa flèche surmontée d'un croissant d'or, tout est disposé pour frapper le regard. Pour visiter l'intérieur, il faut les babouches règlementaires, à moins qu'on ne préfère quitter sa chaussure ; ces formalités remplies, on peut examiner tout à loisir. Ce sont encore des mosaïques, du marbre, de la nacre, du porphyre, de l'or, tout cela distribué avec un art qui a su varier les teintes, ordonner les dessins, et jeter là comme une magnifique draperie de soie aux couleurs chatoyantes ; puis, des vitraux multicolores laissent passer une lumière dont la douceur nuance encore les teintes et donne au temple quelque chose de mystérieux ; l'effet est vraiment magique. Vingt huit colonnes forment une première nef concentrique ; une seconde est formée des seize colonnes qui soutiennent le dôme. Au-dessous du dôme, se trouve la roche sacrée qui n'est autre chose que le sommet du mont Moriah sur lequel Abraham se disposait à immoler son fils Isaac ; une balustrade en bois artistement travaillée la sépare du reste de la mosquée, et la *Khymé* ou pavillon de satin de rouge s'étend au-dessus comme une tente d'hon-

---

(1) Le sanctuaire noble.

neur. Jadis, revêtue de lames d'or, la *Sakhra*, c'est ainsi qu'on appelle ce rocher, supportait l'arche de l'alliance et les Chérubins d'or qui soutenaient le Propitiatoire, il servit aussi de piédestal à l'autel que David érigea sur l'aire d'Ornan le Jébuséen. Les Musulmans y voient l'oreiller sur lequel reposait Jacob quand il eut la vision de l'échelle mystérieuse (1) et le lieu d'où Enoch s'éleva vers le ciel ; Mahomet lui-même, avec sa jument blanche, *El-Borak*, s'élança de là vers le Paradis ; les Mahométans ajoutent que le rocher voulut le suivre, mais que l'Archange Gabriel l'arrêta de sa main et y laissa l'empreinte de ses doigts. Depuis, disent-ils, le rocher est resté suspendu ; il n'est soutenu que par un palmier invisible. C'est vrai qu'il y a un gros mur visible, mais ce n'est que pour ne pas effrayer les gens qui s'aventurent au-dessous de la roche aérienne. Une partie reste proéminente, c'est la *Langue* qui s'anima lorsqu'Omar vint la saluer avec transport comme l'Oreiller de Jacob : « Es selam oleik » (2) lui dit-il, et elle de répondre : « Aleik es selam ». Sous la langue, une sorte de crypte sert de lieu de prière aux croyants ; plusieurs Prophètes y sont venus : deux bancs de marbre, à droite et à gauche indiquent le lieu de prière de David et de Salomon ; une couverture circulaire dans le rocher marque la place de Mahomet qui, dans sa ferveur, heurta le rocher de la tête et y laissa l'empreinte de la marque de son turban. Je vous fais grâce des autres légendes plus ou moins stupides qui se rattachent à la mosquée d'Omar ; je me suis même dispensé de voir l'urne d'argent qui contient deux poils de barbe du Prophète. Je pense que vous n'avez pas plus de dévotion que moi au bouclier de Hamzeb, aux corniches de marbre qu'on appelle les selles d'*El-Borak*, vous ne comptez guère passer sur la *Balance du Jugement dernier* que nous voyons là sous un portique de quatre arcades, non plus que sur le pont invisible jeté sur la vallée de Josaphat, fin comme un tran-

chant de rasoir ; laissons donc toutes ces fictions musulmanes et allons à la mosquée *El-Aksa*. Nous y retrouverons encore la légende, deux colonnes rapprochées l'une de l'autre donnent la mesure que doivent avoir les élus ; il faut passer par ce laminoir pour entrer en Paradis, et dernièrement, un croyant, trop avide du Paradis de Mahomet, y est resté écrasé ; c'était le dernier des élus, ou le Paradis est plein, il faut le croire, puisqu'on a fermé le passage. A part cette fable, la mosquée est intéressante ; elle fut jadis peut-être une église chrétienne et ses sept nefs font un bel effet ; on y montre le lieu où la Ste Vierge fut offerte au Temple ; le gracieux mystère de la Présentation serait doux à méditer ici ; Marie enfant, celle dont il est dit : « Quelle est celle qui s'élève brillante comme l'aurore » habita les galeries de cette maison et la beauté de son âme ne fit que s'y accroître jusqu'à ravir d'admiration les anges eux-mêmes. C'est à peine si nous jetons un coup d'œil sur le temple inférieur où cependant on remarque de magnifiques colonnes avec des chapiteaux qu'on dit *salomoniens*, cela ne vaut pas la « mosquée Bleue » qu'on a toujours devant les yeux et qu'il faut oublier pourtant ; les souvenirs chrétiens nous sont plus chers encore et, la nuit, nous avons rêvé plus au Cénacle qu'à l'Haram-es-Sherif.

Le lendemain, je m'éveillai tout heureux, le soleil qui éclairait le champ des oliviers était plus brillant encore que de coutume, il m'invitait à gravir la montagne. Après avoir célébré au Calvaire, à l'autel du crucifiement, je pris la route de la porte de St Etienne ; j'aurais aimé à me trouver seul et à faire ma méditation tranquille en cheminant vers Gethsémani, mais point du tout : un petit *cicerone* vient m'accoster et ne me lâche pas d'une semelle, me harcelant de ses questions et de ses renseignements. Il fallut bien me résigner ; des confrères que j'atteignis en route partagèrent ma bonne fortune. Du jardin de Gethsémani, au lieu de l'ascension, la pente est rapide, les chemins rocailleux et glissants, mais nous gagnons quand même le sommet où nous rencontrons nos compagnons. Nos bons religieux, un P. Barnabite et un P. Passion-

(1) Ce n'est pas à Jérusalem, mais à B thel que Jacob eut sa vision.
(2) De ce *selam* dérit salut à toi, on a fait salamalec, révérence profonde.

niste à qui la piété donne des ailes, sont arrivés ici, à l'aube, munis d'autels portatifs et ont pu célébrer la sainte Messe à la mosquée de l'Ascension, aussi, il faut voir s'ils rayonnent de joie ! Pour moi, je grimpe d'abord l'escalier qui conduit à la galerie du minaret ; le muezzin n'y est plus et nous en faisons notre observatoire ; tournés vers l'Ouest, nous avons devant nous la vallée de Josaphat ; au delà, sur la hauteur, se dresse la mosquée d'Omar et tout Jérusalem ; plus loin s'étendent les établissements russes, derrière lesquels, sur un mamelon éloigné, on aperçoit le tombeau de Samuel, c'est le *Montjoie* des croisés, le lieu où fut sacré Saül et peut-être l'ancien Gabaon où Josué arrêta le soleil. A notre gauche, le mont du Scandale ; beaucoup plus loin, un mont couronné d'une forteresse, le mont des Francs ou Herodium ; à notre droite, d'abord la haute tour russe(1), puis le *Viri galilæi* et le *Scopus* ; vers le Sud-Ouest, le couvent de St-Elie au sommet d'une colline et, en revenant vers Jérusalem, la vallée de Raphaïm, le mont du Mauvais Conseil. Nous nous tournons ensuite vers l'Orient ; de ce côté, c'est d'abord un désert au-delà duquel se creuse la mer morte, puis comme un mur immense, à gauche les monts de Galaad, à droite ceux de Moab : ceux-ci nous font penser à Ruth, la glorieuse ancêtre du Messie et à la charmante idylle dont les campagnes voisines de Bethléem furent le théâtre. La mer qui gît là devant nous et dont nous voyons une partie est bien *morte*; pas de vie dans ses eaux huileuses, nous disent nos compagnons ; pas un poisson, pas une barque (2), pas même une ride à sa surface.

Sur ce bord, ni verdure ni coquillage, à peine quelques branches, épaves rejetées sur la grève tout imprégnées des eaux maudites et comme pétrifiées par elles ; pas de chants d'oiseaux, ni de cris de bêtes sauvages, c'est le silence de la mort ; du point où nous la voyons, elle paraît comme dans un tombeau et elle est elle-même un tombeau, car c'est là que sont ensevelies les villes maudites (1). Je comprends que nos pèlerins aient eu hâte de venir aux bords du Jourdain. Délicieusement encadré de saules et de tamaris, le fleuve sacré a un tout autre aspect ; quant à Jericho, les trompettes de Gédéon n'auraient plus rien à y renverser, on n'y voit que quelques maisons, mais en revanche, on en ferait son Paradis terrestre tant y abondent les plus belles plantes et les plus belles fleurs de l'Orient. Nous passons alternativement de l'Est à l'Ouest, de l'Ouest à l'Est, sans pouvoir décider de quel côté il y a le plus de ravissantes beautés. C'est à regret que nous jetons notre dernier regard sur ce vaste et brillant panorama pour aller saluer la pauvre mosquée ; les murs en sont nus, rien n'y indiquerait le lieu de l'ascension, si on ne voyait sur le pavé un rocher, poli par les baisers des pèlerins, sur lequel paraît l'empreinte d'un pied de Notre Seigneur ; j'aime à y redire : *Salutis humanæ sator... Jesu voluptas cordium... Tu dux ad Astra et semita, sis meta nostris cordibus, sis lacrymarum gaudium, sis dulce vitæ præmium*, et : *O Rex gloriæ... ne derelinquas nos orphanos*, et recueillant les bénédictions du Sauveur triomphant, nous allons nous réfugier au Carmel. Elles sont près du Ciel, ces bonnes Carmélites, Notre Seigneur leur en montre le chemin et leur prière le trouve toujours ; que font-elles en leur cloître modeste sinon y répéter la formule que Notre Seigneur a enseignée à ses Apôtres en ce lieu même: *Pater noster!* Nous la lisons, écrite sur les murs en trente-trois langues, c'est tout l'univers qui loue le Seigneur. Un peu plus bas, nous visitons la grotte du *Credo*, monument d'une

---

(1) Cette tour construite récemment par les russes est d'un assez bel effet, mais elle n'est pas en harmonie avec le paysage.

(2) Nos pèlerins nous disent y avoir vu pourtant une embarcation.

---

(1) Les villes détruites n'occupaient sans doute qu'une partie de la *mer morte* ; avant la destruction des villes maudites, les eaux qu'y versait le Jourdain y restaient douces, mais depuis que le feu du ciel a embrasé les cités coupables et les puits d'infâme si nombreux aux alentours, les eaux de la Mer morte sont d'une salure extrême ; au toucher, on croirait que l'on plonge la main dans le pétrole et la dessalation se fait lentement. Inutile de dire que cette mer n'a de communication avec aucune autre ; à 392 mètres au-dessous de la Méditerranée ; la chaleur y est telle que les eaux qui s'y jettent disparaissent par la vaporisation.

authenticité incontestable, nous dit-on ;
les Apôtres avant de se séparer composè-
rent le symbole dans cette crypte.

Les Bénédictines devaient avoir leur place
au mont des Oliviers ; leur vie n'est-elle
pas une incessante ascension ? Situé au-
dessous de la chapelle du *Credo* le couvent
Bénédictin jouit d'une magnifique vue sur
Jérusalem.

Impossible de passer ici sans aller jusqu'à Bethphagé ; après avoir quelque peu
réparé nos forces et goûté les délicieux
raisins du Carmel, nous prenons un chemin à l'est, et laissant à notre gauche
quelques misérables huttes de terre, nous
suivons un chemin tracé au flanc du mont
des Oliviers ; après dix minutes de marche, nous arrivons à un gracieux petit
édifice assis sur un plateau de la montagne ; un nègre nous ouvre la grille de fer
qui ferme la cour et nous introduit dans
la chapelle. Rien de somptueux, tout est
simple, mais propre et de bon goût ; nous
remarquons un bloc de pierre orné de
peintures, débris d'une ancienne église ;
il rappelle la scène du Dimanche des Ra-
meaux telle que la raconte l'Évangile ; des
tableaux dans le sanctuaire reproduisent
d'ailleurs les antiques peintures et permettent de conclure à l'authenticité du
lieu où le Sauveur monta le petit de l'â-
nesse. Nous nous disposons à suivre le
Divin Maître sur le chemin de la ville
sainte, mais nous ne passerons pas par
la même porte ; du sommet des Oliviers,
nous avons vu qu'elle est murée : les Musulmans craignent d'y voir passer les
Francs. Chemin faisant, nous rencontrons
deux femmes portant sur leurs têtes des
paniers de figues ; Bethphagé comme son
nom l'indique est le pays des figues, celles que nous voyons sont appétissantes.
En nous éloignant, nous jetons un regard
du côté de Béthanie qui se cache derrière
la montagne au Sud-Est, on devine la
grâce de ce village dont le nom est pour
nous synonyme de sainte amitié, de douce
cordialité ; j'y avais vu déjà le tombeau
de Lazare et, à quelque distance, la *pierre
du colloque* où Marthe rencontra Jésus et
lui annonça la mort de son frère ; je laisse
donc deux de mes intrépides compagnons
braver la chaleur et la fatigue pour visiter
Béthanie et, avec quelques autres je re-

descends le chemin de la montagne. A
mi-côte, à la hauteur de la ville de Jérusalem, un sanctuaire, à gauche, nous
arrête un instant, nous prions à la chapelle ; nous aurions dû y pleurer, car c'est
là que Jésus versa des larmes sur Jérusalem et sur les âmes rebelles à sa grâce ;
ces larmes semblaient encore tomber sur
nos cœurs ; nous nous assîmes mélancoliquement sur le mur d'une terrasse d'où
nous voyions à nos pieds quelques oliviers et, autour de nous, des fleurs semées
là sous les pas de Jésus comme autrefois
les palmes dont les Hébreux jonchaient le
chemin. Plus près du fond de la vallée,
le couvent russe ; au-dessous le jardin de
Gethsémani, le Cédron ; au-delà les cimetières, puis la ville qui, après l'*Hosanna*,
cria le *Crucifige*. Quel lieu pour une méditation ! Sous l'impression des sentiments qui nous gagnent, nous visitons
encore un ami et moi, les antiques Oliviers, la grotte de l'Agonie. Une longue
station à l'église de l'Assomption, ramène
la joie dans l'âme ; le sanctuaire était solitaire, d'un parfait recueillement ; nous
avons pu nous rassasier de baiser le glorieux tombeau de notre divine Mère ; elle
n'est plus là, mais notre amour la trouve
toujours et nos témoignages de filiale reconnaissance montent vers elle, comme
montait vers le Ciel le parfum des fleurs
écloses en ce lieu pour fêter son triomphe. C'étaient nos adieux. Nous avons ensuite retrouvé la Voie douloureuse que
nous avons suivie une dernière fois. Mais
arrivés au Saint Sépulcre, la porte allait
se fermer devant nous, l'heure étant déjà
trop avancée. Heureusement, mon compagnon eut une bonne inspiration ; sans
rien dire, il prend son porte-monnaie ;
aussitôt la figure du bonhomme de s'épanouir, et nous continuons notre pieux exercice au Calvaire et au saint Tombeau de
Jésus. Pas méchants, ces *muterelli*, et
avec un *bacchich* on en fut facilement
façon. *Deo gratias* pour cette bonne matinée.

L'après-midi a été consacrée aux visites d'adieu ; les Frères des écoles chrétiennes avaient bien droit à nos sympathies, et nous ne pouvions oublier l'hôpital de St-Louis : Si souvent nous y sommes venus réclamer la charité de la bonne

infirmière, renouveler nos forces dans les excellents toniques dont elle a le secret ! C'est aussi une maison toute Française et M. de Piellat, le fondateur, ainsi que les bonnes sœurs nous accueille comme des amis et des frères ; donc, rien de plus cordial que cette visite d'adieu. La bénédiction du S. Sacrement à la charmante chapelle est venue clore la journée et le pèlerinage. Un instant après, nous étions reçus au Patriarchat par Mgr Appodia et à St-Sauveur par le Révérendissime P. Custode. A notre retour à *Casa-Nova*, nous y trouvions M. le vicaire général patriarchal maronite avec une vraie cargaison d'objets de piété d'origine libanaise et d'autant plus précieux. M. le Consul général avait daigné nous faire aussi sa visite d'adieu ; aimable, gracieux comme d'habitude, il nous a laissé sous le charme et nous sommes heureux de voir les intérêts catholiques entre ses mains. Vous voyez qu'en toute vérité, nous avons été gâtés jusqu'au dernier soir de notre séjour. A Jérusalem, les pèlerins et surtout les pèlerins français sont toujours les bien venus. Au moment de quitter la ville sainte, on s'aperçoit que si tout y est triste et désolé, tout y est attachant ; c'est un pays maudit, mais on l'aime quand même, parce que c'est une patrie, c'est là que le Fils de Dieu nous a tant aimés ; on voudrait y rester encore et on éprouve comme un sentiment invincible, le désir d'y revenir, d'y rester longtemps et de savourer à l'aise la présence du Sauveur, avec le souvenir de ses douleurs et de son amour. Même après un second voyage, malgré la fatigue et malgré tout, Jérusalem reste un délicieux souvenir et une douce espérance.

DOUZIÈME LETTRE

Adieux au S. Sépulcre. — Vers Jaffa. — Le « Niger. » — Port-Saïd. — Le long du canal de Suez. — Ismaïlia. — Le Caire. — Les « Pyramides » et « le Sphinx. » — Le Musée de « Gisch. »

Le Caire, 21 Septembre 1899.

Mardi matin, j'ai fait mes adieux au S. Sépulcre. Comme bien vous pensez, la nuit n'avait pas été longue : les préoccupations du voyage tiennent tout le monde en éveil ; vers quatre heures et demie, je sortais de *Casa-Nova*, pour me rendre, dans une obscurité à peu près complète, à l'église du S. Sépulcre. Avant moi, un bon religieux, empressé aussi de faire une dernière prière au tombeau du Sauveur, met toute la diligence possible à descendre la petite ruelle ; malheureusement celle-ci se trouve encombrée par toute une caravane de chameaux, chargés de matériaux de construction ou de comestibles. Nous nous serrons contre la muraille avec précaution, et profitons du moindre déplacement des bêtes pour avancer tantôt d'un pas, tantôt de deux, mais voici que les sots animaux ont le caprice de se mettre en travers de la rue, de se serrer l'un contre l'autre ; impossible de briser la chaîne ininterrompue des longs cous qui se croisent. Tandis que mon compagnon stoppe prudemment, en attendant que le chamelier ouvre un passage, je réfléchis que le chameau est patient, et en

même temps, je passe entre ses grandes jambes le plus prestement possible. J'avais cette fois le chemin libre, et en un clin d'œil j'étais à l'église du S. Sépulcre dont le gardien matinal avait déjà ouvert la porte. J'arrivais le premier et je me rappelai, sans toutefois oser me l'appliquer, le chant pascal. *Cucurrit Petro citius... Ad monumentum venit prius.* Précisément l'autel du saint Tombeau allait être libre et je pouvais une fois encore, célébrer la sainte messe en ce lieu à jamais béni. Cette consolation presque inattendue embauma toute ma journée. Je priai encore de tout cœur pour mes amis et écoutai de nouveau le : *Quæ sursùm quærite, quæ sursùm sunt sapite,* qu'on répète si souvent aux âmes et dont on a si besoin de se souvenir soi-même. Encore une visite à la chapelle de la Ste Vierge, à celle de Ste Madeleine, un dernier baiser au Calvaire, au Saint Sépulcre où je laissai toute mon âme, puis à la Pierre de l'Onction et je remontai à notre hôtellerie où tous mes compagnons se pressaient déjà pour le départ. Il était six heures.

J'eus bientôt fait de boucler mes malles

et un quart d'heure après, nous étions à la *Porte-Neuve* à attendre nos voitures. La distance qui nous sépare de la gare est bientôt franchie. Une multitude stationne déjà aux alentours, des curieux d'abord, puis des voyageurs. C'est le jour du départ des recrues pour la milice, bon nombre de jeunes gens se dirigent vers Jaffa et les parents les accompagnent, les larmes aux yeux. Nos amis viennent aussi, nombreux : le Révérendissime P. Custode, avec le R. P. Vicaire, le P. Philippe, directeur de *Casa-Nova*, sont là, mais aussi M. le premier chancelier du Consulat, M. de Piellat et beaucoup d'autres qu'il serait trop long de nommer.

Le train met du temps à se former, les bagages ne se retrouvent pas ou ne se reconnaissent pas ; l'enregistrement souffre des difficultés ; nous profitons du retard pour prolonger la joie d'être avec nos amis. Enfin les portières se ferment, la machine gémit ; nous envoyons à ceux que nous laissons nos derniers saluts avec nos chaleureux remerciements ; les wagons s'ébranlent, nous jetons encore un regard sur les grandes coupoles, sur le mont des Oliviers, bientôt tout a disparu, nous sommes dans les profonds *ouadis*, sur la route de Jaffa.

Le long de la route, le P. Paul et le Fr. Benoît qui nous accompagnent, mettent à notre service toute leur érudition pour nous signaler les lieux auxquels se rattachent quelque souvenir historique. Ainsi, un peu avant d'arriver à Bittir, ils nous montrent à notre droite, une fontaine qui passe pour être la fontaine où S. Philippe baptisa l'eunuque de la reine Candace, on l'appelle Ain-Hanieh. Quand nous avons dépassé *Deir-Aban*, nous voyons à gauche Bethsamès où s'arrêta l'Arche sainte renvoyée par les Philistins. Nous descendons rapidement ; à midi, nous étions à Jaffa où nous retrouvions notre premier

(1) D'autres, par exemple le Fr. Liévin place la fontaine de S. Philippe à Ain-Dirouch, près de Beth-Sour, à deux lieues au nord d'Hébron. Sur la route de Bethléem à Hébron, on visite le *jardin fermé*, les immenses vasques ou Bassins de Salomon ; Ain-Dirouch ; Ramath el Khalil ou Abraham eut sa tente ; le chêne de Mambré sous lequel le Patriarche reçut la visite céleste, la vallée d'Hébron où fut cueillie la fameuse grappe de raisin.

gîte, l'Hôpital de S. Louis. A mesure qu'on demeure plus longtemps ensemble, les amitiés se lient et les cœurs s'épanouissent ; jamais repas plus animé ; les toasts sont un assaut d'amabilité, de courtoisie et de bon esprit où les orateurs conquièrent tous les applaudissements. Nous nous trouvons si bien sous le cloître hospitalier, devant ce gracieux nid de verdure où nous entendons le doux murmure de la fraîche fontaine ! et, cependant, il nous faut partir.

A trois heures, nous étions sur le rivage. La mer est fort houleuse et ses vagues en frappant les rochers de la grève se brisent en flots d'écumes qui s'élèvent bien haut ; le *Niger* nous attend, les barques sont là, il faut donc partir quand même. Nous montons quinze ou vingt sur un même esquif ; ne craignez pas, nous dit un rameur, ce sont des barques de Beyrouth, elles sont solides. Cependant nous éviterons la passe, c'est-à-dire le défilé entre les rochers et nous ferons un long détour pour arriver à notre bateau. On a le temps de constater que les Dames et même bien des Messieurs n'ont pas trouvé sur terre l'estomac marin ; on arrive brisés, au pied de l'échelle qui se dérobe au-dessus de nos têtes au moment où nous croyons l'atteindre. Enfin, saisissant le moment où la vague élève la barque, nous franchissons l'escalier et nous voilà sur le *Niger*, un peu étonné de nous voir. « Qu'est-ce donc que ces « touristes religieux ? » semble-t-on nous dire ; néanmoins la glace est bientôt rompue et sur le *Niger*, comme sur le *Tigre* et le *Congo*, nous rencontrons la bienveillance et même la sympathie.

On lève l'ancre ; les gens de l'équipage enroulent sur le pont leurs longs et énormes câbles, ferment la passerelle ; le navire est en marche. Toujours un monde de Syriens à l'avant, c'est à ne pouvoir se frayer un passage ; bonnes gens d'ailleurs, respectueux. Les hommes fument le narguilé, les femmes s'occupent de leurs enfants, de leurs guenilles, un peu de la nourriture. Le soir, quand il faut rentrer à ma cabine, je fais un exercice de gymnastique pour placer mon pied entre deux jambes qui me barrent la route, franchir un homme endormi ou un petit enfant qui ferme l'entrée de mon escalier. Heureusement notre gîte du jour est à l'arrière du vaisseau où l'espace est plus vaste et plus libre.

La brise souffle fort et la cadence du vaisseau devient pénible. Au dîner, je vois mes commensaux se retirer successivement et je finis par rester seul avec les officiers du bord ébahis de ma force de résistance.

La nuit se passa bien ; le matin, nous étions en vue de Port-Saïd ; une forêt de mâts est devant nous ; au-delà, une ville qui se réveille joyeuse et souriante, aux premiers rayons d'un beau soleil. Le *Niger* approche du port ; des barques viennent à nous pleines d'amis : ce sont les Frères des Écoles chrétiennes qui nous tendent les bras et nous offrent un lieu de repos. Le débarquement se fait en un clin d'œil et, en quelques minutes, nous arrivons à un charmant petit bosquet où croissent les bananiers, les orangers, où s'épanouissent les plus belles fleurs. Une allée bien proprette nous conduit à un perron gracieux ; voici ensuite le vaste salon où nous pouvons nous compenser de la brièveté de la nuit, et les salles de la classe où je peux écrire.

Cependant, je prends le temps de parcourir la ville ; les rues y sont larges, parfaitement alignées ; on y trouve de l'eau en abondance, de la fraîcheur ; les maisons sont d'une construction tout à fait européenne, les magasins très bien approvisionnés, comme dans nos grandes villes de France ; le port est très fréquenté ; c'est grand, c'est beau et pourtant Port-Saïd est de création récente, il date de l'inauguration du Canal de Suez ; alors il avait quelques centaines d'habitants, aujourd'hui on en compte quarante mille (1). C'est à un compatriote que cette ville doit son existence, aussi lui a-t-elle élevé un monument, on voit la statue de Lesseps dans un jardin public.

Notre halte à Port-Saïd est courte, il est à peine neuf heures qu'on donne le signal du départ. Après un quart d'heure de marche, nous voyons se dresser au milieu des arbres une élégante petite construc-

tion ; derrière des haies de verdure et de fleurs, des wagonnets un peu bas et étroits mais très coquets, d'une irréprochable propreté et d'un confortable bien suffisant. Nous nous installons et nous attendons le signal, non pas sans impatience ; il nous tarde d'avoir un peu d'air. Au moment où nous allons partir, des provisions de voyage nous sont distribuées. La locomotive siffle et nous voilà sur la route d'Ismaïlia.

Bientôt nous atteignons le Canal de Suez que nous ne cesserons pas de côtoyer. A droite, une vaste étendue d'eau, le Lac Menzaleh, d'où émergent ça et là quelques joncs ; à gauche le Canal, et au-delà, des montagnes et des montagnes de sable, sans un brin d'herbe. De notre côté, sur le bord du Canal, des arbres plantés pour empêcher le sable d'envahir le Canal, puis, dans le même but, dans le Canal même, des dragues colossales avec leur chapelet de seaux en fer pour retirer le sable à mesure que l'affreux vent du désert le précipite dans la tranchée. Toute la rive est de sable gris. De temps en temps, de charmantes oasis d'une fraîcheur ravissante, des bananiers, des figuiers, des grenadiers, c'est ce qu'on voit partout où le travail de l'homme amène quelques gouttes d'eau pour arroser cette terre féconde. On profite d'une halte pour se rafraîchir : c'est El-Kantara ; des enfants sont là devant les portières nous offrant de l'eau fraîche ou même de l'excellente limonade ; des femmes nous présentent timblement des dattes appétissantes ou des figues bien mûres.

Notre attention se porte surtout vers le Canal maritime où nous voyons enfin surgir un bâtiment. Il s'avance gravement, avec la vitesse réglementaire (10 kilomètres à l'heure), pour ne pas ébranler la berge par le remout tumultueux de la vague (1) ; les passagers se pressent sur le pont et s'inclinent vers nous très curieux et nous leur rendons la pareille. Notre allure est plus rapide ; nous avons bientôt distancé le vaisseau et nous arrivons à Ismaïlia. Un Père franciscain que nous rencontrons en chemin de fer, nous offre un gîte dans son hospice et nous

---

(1) En 1856, il y avait seulement 10.000 habitants.

(1) Le Canal a 58 mètres de largeur.

nous empressons d'accepter. Nous comcomprenons l'utilité des Franciscains de Terre Sainte ; ils sont partout, et partout ils servent de guides pour les voyageurs en même temps que dans le pays, ils répandent les bienfaits de la foi chrétienne et les éléments des lettres.

A *Ismailia*, l'établissement franciscain est modeste, mais admirablement situé ; il fait bon sous la charmante tonnelle consommer les provisions de route et à notre gré le temps passe trop vite ; nous aimerions nous rendre compte du site d'Ismailia, visiter les bords de son lac Timsah, au risque de nous faire dévorer par les crocodiles qu'on dit nombreux ici. Mais déjà nous entendons près de nous les préparatifs du départ. La machine commence à manœuvrer, il faut se hâter. Cinq minutes nous suffisent pour gagner la gare ; c'était trop tard pour nous installer convenablement, assez tôt pour ne pas manquer le train ; d'ailleurs je ne rencontre que voyageurs de bonne compagnie. Dans l'étroit compartiment où je me trouve calfeutré, je peux néanmoins à l'aise découvrir la campagne et rassasier mon regard du tableau merveilleux qui se déroule à mes côtés. Nous sommes dans la terre de Gessen ; le souvenir de Jacob se présente à nous avec toute l'histoire des grands Patriarches ; la terre nous paraît fertile, comme au temps où les Hébreux la cultivaient ; de magnifiques maïs étalent leurs longues feuilles vertes, tandis que des champs de cotonniers s'étendent comme des tapis de neige. A travers la plaine, les *fellahs* (paysans) font la cueillette, et nous parvenons à tenir en nos mains ces graines dont la précieuse enveloppe se transformera en étoffes pour toutes sortes d'usages. A chaque instant, nous sommes sur le bord de quelque cours d'eau limoneuse, de quelque branche du Nil ou de quelque canal ménagé pour l'irrigation de la campagne, puis, sur les monticules, des villages, des maisons autour desquels de gigantesques palmiers poussent leurs fûts grêles couronnés de verts panaches, comme d'immenses plumeaux. Les heures s'écoulent et, à mesure que nous avançons, les eaux paraissent plus abondantes, la nature plus riche, nous voyons le Nil rouler ses eaux boueuses. Enfin : Voici

Zagazig. Une heure après : Le Caire ! Le Caire ! entendons-nous répéter autour de nous, et en même temps la ville s'étend devant nous immense.

On se presse dans un vaste *omnibus* et en quelques instants, nous sommes à l'*Hôtel Bristol*, sur un côté d'une grande place, une des plus agréables de la ville. Le Caire est comme Constantinople, une ville où l'on trouve de tout ; on y voit les constructions européennes avec les magasins européens, les quartiers orientaux, les bazars, les mosquées, les églises, tout y est mêlé. Partout nous rencontrons plutôt la sympathie ; notre langue n'est pas inconnue ; nous l'entendons parler souvent autour de nous et il ne nous est pas rare de recevoir en français des réponses à nos questions. La France a laissé là des souvenirs et si les Anglais s'y sont installés, comme dans un hôtel quelconque avec leur sans-gêne habituel, il n'en est pas moins vrai que la France y a encore son influence prépondérante, qu'elle peut conserver si notre gouvernement le veut. Quant aux Italiens, ils ne sont ici qu'une minorité bien petite et on juge de leur crédit quand on entend dire autour de soi : « *Chouf mafich Zlous, llegante, pas d'argent* ». Nous avions besoin de repos ; nous pouvons de bonne heure gagner notre couchette où le sommeil vient vite après une journée de chaleur et de fatigue. Mais il faut se lever avant cinq heures. A cette heure-là, nos voitures se rangent en ligne sur la place. Nous montons. En avant, du côté des Pyramides ! Déjà loin, les monuments nous apparaissent avec l'auréole que leur ont faite l'histoire et la légende, nous allons les voir, nous en approcher, peut-être en faire l'ascension !

Le temps est brumeux, il y a de la fraîcheur dans la brise ; nous ne nous en étonnons pas, quand après avoir traversé le grand pont jeté sur le Nil (1), nous voyons la campagne s'étendre comme un lac immense. Nous nous engageons dans une route magnifique, entre deux haies de beaux acacias et au-delà, de chaque côté, s'étend la plaine inondée. C'est bien là le spectacle que nous avons rêvé tant de

(1) Le pont jeté sur le Nil a près de cinq cents mètres de longueur.

fois, une vaste mer, des îlots de verdure sur lesquels s'élèvent quelques maisons, des chaussées qui relient les villages ; au-dessus, des volées d'oiseaux qui se mirent dans les eaux ; un héron nous apparaît au loin, monté sur ses hautes échasses et nous présente son long bec. A cette heure, les fellahs accourent à la ville munis de toutes sortes de provisions ; nous rencontrons des hommes légèrement vêtus, calotte blanche et chemise bleue, s'en allant à leurs affaires ; des femmes, la tête chargée de paniers de fruits ou d'autres fardeaux, des ânes et des chameaux portant des crottes sèches pour combustible ; à côté de nous, des coureurs qui rivalisent de vitesse avec nos chevaux : l'un d'eux nous a suivis depuis Le Caire jusqu'aux Pyramides, c'est-à-dire pendant plus d'une heure. A travers les brouillards, nous commençons à voir se dessiner la masse des Pyramides et nous pensons à Napoléon et à sa grande victoire.

A mesure que nous avançons, nous voyons les géants grandir ; enfin, nous mettons pied à terre, pour suivre un chemin montueux impraticable aux voitures. Là, nous avons à subir un premier assaut ; on nous harcelle d'invitations, d'instances, presque de menaces, pour nous faire accepter une monture ; les uns se choisissent un roussin qui les porte doucement jusqu'au sommet ; les autres escaladent la bosse d'un chameau agenouillé qui, en se relevant, les hisse à une hauteur presque vertigineuse ; les autres suivent modestement à pied. Arrivés sur le plateau, autre spectacle : chacun de nous se trouve accosté de deux bédouins qui, à tout prix veulent nous rendre service, nous conduire au Sphinx, nous monter aux Pyramides ; dans un petit kiosque, un vieux cheik à barbe majestueuse, dicte les conditions de la visite. Le cher Frère des Ecoles chrétiennes qui a bien voulu se faire notre guide, nous sert d'interprète, discute, débat le prix. Pendant ce temps, un petit enfant s'attache à mes pas, et, me voyant en extase devant les géants de ce désert : « Quarante siècles vous contemplent », me dit-il gravement. Vous comprenez que je me redressai de toute la hauteur de ma taille ; il me nomma ensuite les trois monuments : devant nous

celui de *Chéops* ; un peu en arrière ceux de *Chephrem* et *Menkera*. Ce n'est que cela, se dit-on d'abord ; à force de regarder, peut-être aussi le soleil se mettant de la partie, on finit par apprécier plus exactement : la plus haute des Pyramides a 147 mètres de hauteur ; elle exigea trente années de travail de cent mille ouvriers et les pierres qui y sont entassées suffiraient à entourer la France d'un mur de trente centimètres d'épaisseur et deux mètres de hauteur (1). Mon petit *bacchich* ne me laisse pas de paix, il faut avancer, toujours dans une couche de poussière de sept à huit centimètres d'épaisseur ; en descendant la pente, je vois se dessiner le Sphinx et, un peu au-delà, les ruines du temple d'Osiris. Le Sphinx n'est qu'un monstre taillé dans un énorme bloc de rocher, mais il en impose par sa masse et sa physionomie. Les quinze ou vingt siècles de son existence lui ont valu bien des avaries ; le nez est notablement entamé, le cou aminci, une oreille est tombée, et cependant il en impose encore : dans ses traits grossiers il y a de l'expression et sa physionomie respire l'intelligence. Le vent du désert s'obstine à le couvrir de sable ; on a beau le dégager, le terrible adversaire revient périodiquement et a fini par élever autour de lui de hautes murailles derrière lesquelles il est caché comme dans un tombeau. De loin, on aperçoit sa tête superbe, puis son corps de lion ; pour le voir en entier, il faut arriver jusque sur le bord de l'entonnoir au fond duquel il se campe fièrement ; on constate alors que c'est un gigantesque lion à figure humaine ; le rocher a servi à en former une partie ; on a complété par de la maçonnerie. Nous essayons de le mesurer du regard ; on nous dit bien vite ses dimensions : de la naissance de la queue à l'extrémité des pattes de devant, le colosse mesure cinquante-sept mètres et de sa base au sommet du front vingt mètres ; sa tête seule a neuf mètres de hauteur. On ne se lasse pas de le voir et invinciblement on se reporte à ce passé mystérieux dont il a été témoin. Que de fois on est venu peut-être lui demander les secrets de l'avenir !

(1) La Pyramide de Chephrem a 136 mètres de hauteur ; celle de Menkera, 66.

Une ouverture pratiquée au sommet de la tête servait à cacher le boufïon qui remplait les oracles sacrés, et la voix, grossie par des procédés bien connus en acoustique, apportait au peuple étonné la réponse des dieux.

Après avoir considéré le Sphinx, je jetai un coup d'œil sur le temple voisin à peu près complètement enterré dans le sable. Un certain nombre de mes compagnons se hasardent à pénétrer à travers ces murs de granit rose et à parcourir les vastes couloirs, mais quand il s'agit de sortir, ils se trouvent en présence d'un fort cordon de vigoureux bédouins qui ferment l'issue; il fallut passer sous les fourches caudines et payer bacchich. Vraiment doux pays où chacun se charge de vous rançonner !

Je reviens sur mes pas, toujours escorté de mon jeune et infatigable cicerone qui me sollicite avec une insistance et une douceur à me toucher le cœur ; « si je priais comme cela, me disais-je, Dieu m'exaucerait sûrement ». D'autres viennent s'adjoindre au premier pour me présenter un morceau d'albâtre, une statuette d'Isis, une reproduction en miniature du Sphinx, un scarabée, une monnaie ancienne, une antiquité quelconque, et pendant ce temps nous arrivions au pied de la Pyramide de Chéops. Les bédouins sont là toujours offrant de donner eux-mêmes le spectacle d'une ascension dans l'espace de cinq minutes. Personne ne songea à accepter, mais nos jeunes gens se laissèrent tenter pour escalader eux-mêmes la plus haute des Pyramides. Deux arabes prennent l'un d'eux, chacun par une main et, au pas de course, on arrive au pied du colosse. Alors commencent les enjambées sur les saillies des énormes blocs ; un des bédouins monte en avant, vous tire par les deux mains pendant que l'autre vous soutient par derrière ; on se sent enlevé comme un fétu ; mais chacun n'a pas les muscles d'acier des Arabes, quand on arrive au sommet, les bras et les jambes sont fourbues, brisées, on est suffoqué de transpiration et d'essoufflement. Là haut, on jouit, dit-on, d'un coup d'œil qui compense largement la peine qu'on s'est donnée ; si au moins on pouvait en jouir ! Hélas ! les bédouins sont encore là qui vous pressent et ne vous laissent pas le temps. Pour moi, je prenais plaisir à voir ces fourmis s'attacher aux flancs du colosse et monter sur sa tête, partagé entre le Sphinx dont je ne pouvais me séparer et les géants qui m'écrasaient.

Le soleil était venu éclairer le paysage, il dardait ses plus chauds rayons ; nous reprenons la route du Caire. Nos voitures nous attendent au bas de la rampe, à l'ombre des acacias ; chacun reconnaît son coche et monte, non toutefois sans avoir à se défendre contre la troupe qui nous suit ; l'un veut absolument nous vendre un morceau d'albâtre du pays ; un autre plaide pour son Sphinx, un troisième enfin, abordant un bon vieillard, lui réclame le prix de la location de son âne qu'il n'avait jamais monté ; il insiste, il menace. Heureusement, le bon Père est d'un calme qui déconcerte son interlocuteur. Enfin, un coup de fouet du cocher vient terminer le différend ; les chevaux prennent le trot et la caravane s'éloigne des Pyramides vers lesquelles pourtant le regard se porte souvent encore et qu'on n'oubliera plus.

Après trois quarts d'heure, nous voyons à notre gauche, au milieu de la verdure, un magnifique palais ; nos chevaux nous entraînent dans le vaste parc ombragé ; nous voici au fameux musée de Gisch : Quatre-vingt-onze salles à visiter ! il y a de quoi effrayer. Mais l'intérêt est tel qu'on ne s'ennuie pas. Il y a là comme un magnifique livre d'histoire dont toutes les pages sont splendidement illustrées, c'est l'histoire soit profane, soit religieuse de l'Egypte, presque depuis son origine. On y lit des inscriptions, comme celle que découvrit Champollion et qui date de 238 ans avant Jésus-Christ ; on y voit des statues de divinités égyptiennes, des bijoux, des étoffes, des meubles et surtout des sarcophages avec leurs momies. Nous regardons avec intérêt les momies des Prêtres d'Amon, mais il faut s'arrêter dans la salle où se trouvent les restes des personnages les plus fameux de l'ancienne Egypte, presque depuis son origine. On y voit Séthos, dont la fille arracha Moïse aux flots du Nil ; Rhamsès II, le fameux conquérant connu sous le nom de Sésostris, qui commença à persécuter les Hébreux (1) ; leurs ossements apparaissent sous les bandelettes noircies par le temps: les crânes conservent encore quelques fils de leur chevelure ; les reines Ahotep, Nefrétère, celle-ci femme d'Amasis, etc., etc., sont encore toutes couvertes de chaînes d'or, d'anneaux et autres bijoux, qui sont artistement disposés sur leurs vêtements pétris de baume. Au moins on voit que ce peuple luttait contre la mort. Les Égyptiens croyaient avoir trouvé le moyen de ne pas laisser la mort faire complètement son œuvre (2), ils n'ont réussi que bien imparfaitement, et nous pouvons méditer ici la parole que nous adressait notre petit bonhomme de l'hospice de Jérusalem : « Vanitas vanitatum ». Nous arrivons à parcourir ce labyrinthe de salles admirablement disposées où tout est classé avec un soin merveilleux ; l'imagination toute remplie des mille choses que nous venons de voir, nous continuons notre route au milieu d'une campagne toute resplendissante de lumière et nous rentrons à notre hôtel Bristol pour y renouveler nos forces. Nous avons à faire, ce soir, une longue course...

(1) C'est sous Amenophis ou Menephtah que les Hébreux passèrent la mer Rouge et entrèrent au désert.

(2) Les Égyptiens pensaient que l'âme existait tant que le corps conservait sa forme ; de là le soin d'embaumer les corps pour les conserver.

TREIZIÈME LETTRE

Encore le Caire : la « Citadelle », la mosquée d'albâtre. — Panorama du
Caire. — Saut du Mameluck. — Puits de Joseph. — Le Vieux-Caire :
Maison de la Ste Famille. — Matarieh — En route. — Alexandrie.

Alexandrie, 22 septembre 1899.

Au premier moment de liberté, je viens à vous. Hier, je vous quittais pour achever nos excursions sur les bords du Nil, maintenant me voici à bord du *Niger* qui va m'emporter avec ma lettre vers les rives de France. Notre dernière course n'a pas manqué d'intérêt ; après le repas, le cher Frère qui, le matin, nous avait rendu tant de services, veut bien encore se mettre à notre disposition ; nous cheminons comme nous pouvons jusqu'à la place Atabet-el-Khadra, près du jardin public qui est, dit-on, une merveille. Nous avons à peine le temps de jeter un regard sur la rue Muski, la plus belle du Caire, qui s'étend à perte de vue ; nous prenons place dans un petit tramway électrique qui nous dépose au pied de la *Citadelle*; de là, par un chemin rapide, nous arrivons à la place Mohammed-Ali, sur la hauteur du *Mokattan* où l'on visite surtout la mosquée. Cet édifice ressemble à une église, et, si on n'y voyait le *mihrab* et le *member*, on dirait qu'elle a été construite pour le culte chrétien ; extérieurement, avec sa coupole encadrée entre deux sveltes minarets qui s'élancent comme des aiguilles, elle frappe par sa grandeur et aussi par sa richesse : l'albâtre oriental y a été répandu à profusion. Il faut encore chausser les babouches, (c'est la dernière fois) et nous jugerons de l'intérieur où l'albâtre transparent des colonnes, jaune comme l'ambre, produit un merveilleux effet. Nous sortons de là tout éblouis pour nous rendre sur la terrasse d'où le coup d'œil est unique. Toute la ville s'étend devant nous : à nos pieds, la place de Roumeilch, la mosquée « splendide » du Sultan Hasan avec le minaret le plus élevé du Caire; la mosquée Tulun, la plus ancienne de toutes ; la grande place Karameïdan bordée de casernes ; au-delà, l'immense ville hérissée de minarets (1), puis, de la verdure, des palais, la campagne où roule le Nil dans son large lit ; à gauche, le Vieux-Caire et plus loin les Pyramides qui se dessinent entre le ciel et le sable gris du désert ; c'est un des plus grandioses et des plus beaux panoramas que j'aie vus en mon voyage.

(1. Il n'y a pas moins de quatre cents mosquées au Caire et la ville est une des villes Saintes de l'Islam. Le Caire a 600.000 habitants.)

Nous sommes à une hauteur de cinquante mètres au-dessus de la place et on nous dit que là, en 1811, un Mameluck se précipita avec son cheval, pour échapper au massacre ordonné par Méhémet-Ali et qu'il échappa d'une manière merveilleuse; l'endroit est désigné du nom de « Saut du Mameluck ».

Tandis que nos compagnons visitent les canons de la Citadelle, je vais avec quelques autres au *Puits de Joseph*. Ce puits est creusé dans le roc, à quatre-vingts mètres de profondeur ; tout autour règne un large corridor en spirale descendant en plan incliné jusqu'à un palier où on a établi une *noria* pour monter l'eau dans un réservoir situé au milieu du puits. Des bœufs attelés descendent jusqu'au bas par le plan incliné et actionnent la machine ; un autre manège tire l'eau du premier réservoir pour l'amener à l'orifice. Cette eau qu'on prétend venir du Nil est agréable à boire, surtout quand la soif est excitée par un soleil de feu et la sécheresse d'un air sans vapeur. Quelques-uns attribuent ce beau travail à Joseph, fils de Jacob. Sa prison se trouvait en cet endroit et plus tard, il y fit creuser le vaste puits que nous voyons ; Youssef Saladin, bien des siècles plus tard, le fit déblayer et c'est à lui que les Arabes font honneur de cette œuvre gigantesque.

Nous revenons au pied de la Citadelle où nous prenons notre tramway pour nous ramener à la place Atabet. Le cher Frère ne s'en tire pas sans peine avec nos monnaies : impossible de faire le compte de chacun. Cependant nous réussissons à prendre place. En attendant la correspondance qui doit nous conduire au Vieux-Caire, nous avons le temps d'humecter nos lèvres de quelque sirop bienfaisant et nous bravons de nouveau la chaleur. Le chemin est délicieux ; nous longeons le canal sur lequel se promènent les barques, nous avons devant nous, au loin, et un peu à droite, les Pyramides ; puis voici le Vieux-Caire avec ses maisons modestes et ses rues malpropres ; c'est seulement à la dernière station, à l'extrémité de la ville que nous quittons le tram, là est le faubourg des Cophtes où nous trouverons la maison de la Ste Vierge. Le cher Frère nous conduit par un chemin impossible, à

travers les monceaux de poussière, les ruines, les étroits couloirs, jusqu'à une pauvre église enclavée dans un pâté de vieilles masures, l'église cophte de Madame Marie. A notre arrivée, des enfants accourent, nous ouvrent les portes et nous introduisent dans l'obscur petit vaisseau. Derrière l'autel, une crypte à trois étroites nefs où, à la lumière de quelques flambeaux nous voyons la pauvre demeure dans laquelle la Sainte Famille exilée se reposa pendant plus d'un mois, en attendant que la Providence fit connaître à S. Joseph le lieu qu'elle devait désormais habiter. On nous indique le lieu précis où reposait soit la divine Mère, soit l'Enfant-Jésus. Les augustes exilés étaient pauvres ; sans doute leur demeure au Vieux-Caire était un autre Bethléem et sous ce rapport, rien n'est changé ; pas de décoration, sinon quelques grossières images, et tout autour, des bancs couverts de nattes sur lesquelles il serait imprudent de s'asseoir.

Notre présence avait attiré là toute une nuée d'enfants qui nous tendent la main en nous réclamant *bacchich français*. Ils nous suivent dans les étroits sentiers, se groupent autour de nous, nous enveloppent et nous barrent presque le passage, criant sur le ton le plus suppliant *bacchich*. Cette musique a de quoi énerver, aussi, un de nos collègues n'y tient plus, il lève et brandit son *chamsié* (parasol), accompagnant d'un gros mot son geste énergique et menaçant. Quelques-uns la petite troupe n'y comprit rien, mais elle se dispersa comme une volée de moineaux....., pour se reformer un instant après. Ils n'ont pas de rancune, ces bons cophtes et leur prière est d'une persévérance infatigable. A notre retour, on nous fait remarquer le *nilomètre*, simple tour carrée, surmontée d'une colonne graduée qui indique le niveau auquel atteint l'inondation. Cette année sera pauvre, dit-on, les eaux ne sont pas assez abondantes. La route ne manque pas d'animation, à chaque instant nous rencontrons des voyageurs à pied, des voitures, même une noce, probablement réprouvée par l'opinion publique : nous voyons un âne marcher en avant et celui qui le monte tourner le visage vers la queue de l'animal et ce sont des cris, des rires... mais le tram avance toujours et, au moment où le soleil descend sous l'horizon, nous rentrons à notre hôtel.

La soirée fut délicieuse et la nuit meilleure encore. A cinq heures, tout le monde était sur pied pour une visite au sycomore de Matarieh qui prêta son ombrage à la Ste Famille lorsqu'elle se rendait à Héliopolis. Là aussi coule une source d'eau limpide qui jaillit miraculeusement pour abreuver les augustes exilés (1). J'ai eu le regret de ne pas me mêler à la caravane ; pendant qu'elle suivait les traces de Jésus, Marie et Joseph sur la terre d'exil, j'errais dans les rues du Caire à la recherche d'une église ; cependant la ville possède quelques temples catholiques ; les Franciscains y ont une paroisse, les Pères Missionnaires d'Afrique y dirigent le Séminaire et les Pères de la Compagnie de Jésus y possèdent un collège florissant ; c'est vers leur chapelle que mon bon ange dirigea mes pas et me fit rencontrer des compatriotes pleins de charité à qui je conserve la plus vive reconnaissance.

Quand je rentrai à l'hôtel Bristol, la caravane était de retour, et c'était le moment de se rendre à la gare pour le départ. Un bon Père Missionnaire d'Afrique veut bien m'accompagner ; à la gare chacun se munit de provisions de bouche pour la route, je fus seul, je crois, à m'embarquer sans biscuit. Mais, dans une caravane de pèlerins, les âmes bienfaisantes ne manquent pas et, sans avoir recours au moyen de S. Paul et de S. Antoine, un confrère voulut bien partager son pain avec moi : le repas eut pour moi un délicieux assaisonnement : la cordialité.

Nous sortons du Caire ; derrière nous s'enfuient les Pyramides, Memphis, Héliopolis, toutes les grandeurs passées et présentes de l'Égypte ; nous rêvons encore de son histoire : de la sagesse et de la science des Égyptiens, des Pharaons, d'Abraham, de Jacob, de Joseph, de la Thébaïde et de ses saints solitaires : les St Paul, les St Antoine, St Pacôme, St Macaire et les austères habitants des déserts de Scété et de Nitrie, et pendant que nous faisons revivre ces souvenirs, nous jetons un regard à nos côtés : c'est Berah, un ravissant jardin où croissent pêle-mêle les plus beaux arbres et les plus riches plantes de l'Orient ; Tantah, puis Danhamour avec ses maisons rustiques d'où émergent les minarets, semées sur plusieurs mamelons ; c'est la campagne qui passe rapidement sous nos yeux ; moins belle sans doute qu'au mois d'avril où s'étalent ses riches moissons, mais encore verdoyante (1) ; c'est le Nil ou quelque canal aux eaux limoneuses sur les bords duquel un fellah manœuvre le chalouf pour irriguer ses terres (2), ailleurs, une sorte de chemin sablonneux où piétine quelque fellahine portant une charge sur sa tête ; ou encore de mauvais gourbis de terre devant lequel des enfants nus se roulent dans la chaude poussière. Voilà le spectacle dont nous jouissons.

Enfin, voici à droite, toute une forêt de palmiers et de l'autre côté des flaques d'eau, une sorte de marais, le lac Maréotis, nous approchons d'Alexandrie. Chacun secoue sa poussière, et il y en a une couche épaisse de cette poussière ténue, qui s'insinue à travers les moindres fissures ; impossible d'y échapper. «Alexandrie! Alexandrie! Tout le monde descend!» Un peu tout le monde aussi cherche des rafraîchissements. Des marchands ambulants circulent à Alexandrie comme à Constantinople ; l'un d'eux verse une liqueur

---

(1) Il y a là une chapelle desservie par les Rév. Pères de la Compagnie de Jésus. L'Impératrice Eugénie la leur a confiée en 1869, à l'occasion de l'inauguration du canal de Suez.

(1) «L'Orient garde toujours ses magnificences ; le ciel de l'azur le plus pur est brillant et radieux, l'air est d'une transparence parfaite et les jeux de la lumière peignent tout à tour le paysage de teintes d'or et de nuances roses ou violacées. Les arbres de cette heureuse contrée sont toujours verdoyants ; ils donnent des fleurs et présentent des fruits plusieurs fois par an.»

On fait ordinairement trois récoltes : la 1re en mars ou avril, dans les terres arrosées par le Nil et qui consiste en blé, orge, fèves, lin, chanvre, oignons, etc. ; la 2e de dourah, mais, dans les terres arrosées par des moyens artificiels ; la 3e consiste en concombres, fourrages, plantes potagères. Avec un sol si fertile, les fellahs ne sont pas riches ; ils savent qu'ils doivent livrer au gouvernement la plus grande partie des récoltes, dès lors, ils travaillent le moins possible.

(2) Le Chalouf est une machine d'une simplicité primitive pour puiser de l'eau au canal, la rejeter dans des rigoles creusées dans le sable et irriguer ainsi la campagne.

brune, limpide, dont la vue fait tressaillir nos Alsaciens. Vite on est servi, vite on porte aux lèvres, mais plus vite encore on rejette le fade liquide.... Qui se serait douté qu'à Alexandrie, il y eût des marchands d'eau de réglisse ? Par dépit de la mésaventure, nous sautons sur un mauvais coche et nous voilà sur le pavé. « *Rouah* ! crie notre conducteur, « *Rouah* ! » ce qui, je suppose, veut dire : *gare* ! et nous allons un peu sans savoir où. Il y aurait cependant beaucoup de choses à voir ; c'est l'église de S. Marc, église patriarcale ; il y a eu là une école célèbre où se sont distingués les Pantène, les Clément, les Origène ; Ste Catherine y a été martyrisée avec beaucoup d'autres ; le grand St Athanase y a lutté vaillamment pour le *consubstantiel* ; S. Cyrille y a enseigné la maternité divine de la Ste Vierge pour la faire proclamer au Concile d'Éphèse ; elle a des gloires incomparables, cette Église, mais de tout cela, plus que des souvenirs, et ces souvenirs c'est notre France qui les conserve, ce sont nos Frères des écoles chrétiennes qui ont un collège de Ste Catherine, les Pères de la Compagnie de Jésus qui font refleurir le didascalée de Clément ; les généreuses Filles de la Charité continuatrices des traditions des vierges chrétiennes et éducatrices des enfants ; les Pères Salésiens de Dom Bosco, refuge des orphelins ; les Lazaristes qui portent là l'esprit de leur fondateur St Vincent de Paul. Nous sommes fiers de retrouver ainsi partout quelque chose de notre chrétienne patrie. Pendant que nous réveillons ces vieux souvenirs un peu endormis, notre coche nous fait traverser de mauvaises ruelles, entre de misérables échoppes où s'étalent des concombres, des pastèques, des figues, des bananes, des cannes à sucre, etc. Enfin, nous comprenons qu'on a voulu nous faire contempler la colonne de Pompée. Nous nous arrêtâmes un instant ; l'immense monolithe de granit rouge rappelle peut-être la persécution Dioclétienne, mais la statue du cruel empereur a disparu. Nous entreprenons alors une nouvelle excursion à travers les plus beaux quartiers de la ville ; les rues y sont plus ouvertes, plus élégantes ; on y rencontre quelques monuments, de riches magasins ; là encore, on sent l'influence française que les Anglais, malgré toute leur habileté, ne réussiront pas à détruire.

Vous ne serez pas étonné si je vous dis qu'en approchant du pays, on devient plus impatient de revoir ses montagnes, son clocher, ses amis ; il me tardait d'embarquer et, deux heures avant le rendez-vous, nous étions au quai. Très courtoisement, un jeune homme se présente, nous renseigne, nous décide à une nouvelle course, malgré nos protestations, escalade le coche et se constitue d'office notre *cicerone*. Ce n'est pas sans peine que nous recouvrâmes notre liberté, mais au moins nous pûmes nous reposer un instant, en attendant le départ.

L'heure est venue et alors voici les formalités qui commencent. Nous nous attendions à passer la visite sanitaire, on veut bien nous en faire grâce. En réalité, il n'y a pas de peste à Alexandrie. Nous avons bien vu un cortège funèbre dans la rue, des gens qui suivaient en se lamentant avec force manifestations de douleur, comme c'est l'usage, mais rien qui ressente la terreur inspirée par le fléau. Si la *Santé* nous tient quitte, la douane est là, il faut au moins payer droit de passage, donc à la caisse !... Sales gens ! me répète mon ami. Enfin, c'est la dernière fois ; maintenant me voici sur le pont, le *Niger* va lever l'ancre. Adieu.

QUATORZIÈME LETTRE

Dans une cabine. — Vie à bord. — Messine au lever du soleil. — Une baleine. — Au Lazaret. — « Deo gratias. »

Marseille, 27 septembre 1899.

Ce n'est plus une lettre d'Orient ; je viens de traverser la Cannebière et c'est à l'hôtel de Rome que je vous jette ces dernières lignes. Au moment où nous quittons Alexandrie, le Ciel salue notre départ par de brillantes illuminations, les éclairs au loin annoncent un orage et la brise fraîchit un peu ; néanmoins le vaisseau se comporte bien, et il n'y a pas de malades. Il faut dire cependant qu'une fois en mer, l'ennui gagne facilement. Plus rien qui excite la curiosité, c'est la monotonie du bord ; l'azur des eaux et la beauté du ciel même ne parlent plus aussi haut et il se produit un peu d'affaissement, si bien que je laisse mes compagnons sur le pont pour me tenir en ma cabine ou, plus exactement, dans une cabine d'emprunt, grâce à la charité d'un de mes obligeants confrères. Là, j'ai le plaisir de voir encore de temps en temps mes amis ; ils se donnent volontiers des réminiscences de l'Orient et un Libanais vient leur donner des leçons de Narguileh. C'est intéressant de voir ce robuste gaillard allumer son charbon en l'agitant à tour de bras, puis aspirer de toute la force de ses poumons l'air par-

fumé qui en s'échappant fait entendre le glou glou dans l'eau du flacon de cristal. Il paraît lui-même enchanté de son talent et de la docilité de ses disciples. Et quels sommes délicieux on fait sur sa couchette après des nuits écourtées, quand on est balancé par la douce mer ! La salle à manger n'est pas loin ; c'est aussi le cabinet de travail ; le Directeur de la troupe libanaise y dépouille ses dossiers, escompte peut-être d'avance le bénéfice qu'il fera sur ces pauvres maronites qu'il conduit à Buenos-Aires ; à côté, de vénérables confrères penchés sur leur calepin, mettent à jour leur journal de voyage, avec une attention qui m'édifie ; d'autres s'adonnent à une partie de piquet ; les garçons de salle vont et viennent, toujours gracieux, complaisants, prévenants, aimables même. Sur le pont, les oisifs hument leurs cigares égyptiens, ou reposent étendus mollement sur quelque chaise longue que cherche vainement son légitime propriétaire. Près de moi, un Prêtre schismatique grec discute avec un pèlerin curieux de connaître les convictions de son interlocuteur. Un autre incliné sur le bastingage contemple mélancoliquement la mer ; chacun en un mot tue le temps comme il peut. Il faut ajouter que la vie du pèlerinage subsiste toujours et, et la liberté de conscience ne nous permet pas de blesser les quelques *englischman* qui sont avec nous, enchantant des cantiques, nous avons notre petite tente bien modeste où il nous est permis de célébrer la sainte Messe et l'arrière-pont nous réunit deux fois le jour pour y prier en famille. Les conférences continuent aussi ; après les délicieux entretiens sur les manifestations religieuses à l'étranger, et sur Saint Louis, viennent les questions pratiques sur l'action sociale du clergé ; on nous dit en bons termes ce qui se fait chez nos voisins et le temps s'écoule ; la nuit vient et le *Niger* file ses nœuds. Enfin, nous arrivons à la mer Ionienne et nous retrouvons le chemin qui nous a conduits en Palestine. C'est là que passa l'Apôtre en se rendant à la ville éternelle et c'est là qu'un jour, venant comme nous de Palestine, un vaisseau moins beau que le nôtre portait à la France les amis du Sauveur avec son Evangile ; puissions-nous comme Lazare, Marthe et Madeleine porter à notre patrie la grâce et l'amour de Notre-Seigneur !

Quand, le mardi matin, nous arrivions au détroit de Messine, un ami vint m'arracher à ma somnolence ; de ma cabine, je regarde à travers le hublot, comme dans un verre magique : il me semblait rêver ; mon horizon n'était pas assez vaste, j'allai sur le pont où tous les passagers étaient déjà en admiration. Souvent les voyageurs ont décrit ce spectacle ; ils ont parlé de la couronne de feu qui repose sur le front de la cité, de sa ceinture d'émeraude et d'azur ; ils ont dépeint les gracieuses vallées au fond desquelles des blanches villas se détachent sur la verdure des orangers, les teintes si belles que répand l'astre du jour à son lever, les pentes de l'Etna qui descendent si doucement vers la mer, etc. etc. La rive opposée est encore dans une demie obscurité ; Reggio apparaît enveloppée d'une brume transparente ; les montagnes de la Calabre se hérissent de pics aigus ; « Nous devrions nous arrêter ici, me dit un marin, mais depuis la grossièreté que nous a faite l'Italie, nous passons ». Nous passons en effet, pour voir les îles Eoliennes où au-

jourd'hui Eole n'est pas en veine de fureur et nous hâter vers les *Bouches de Bonifacio*.

Nous venions de franchir le détroit lorsqu'on vient me prévenir qu'on aperçoit quelque chose dans le lointain, une masse blanche qui surnage dans les flots. Est-ce une épave ? Est-ce un ballon ? Chacun émet son avis ; on multiplie les conjectures ; finalement le vaisseau fait un écart et marche à l'objet inconnu... Une baleine périe est venue échouer là ; de sa gueule sort une énorme outre blanche, gonflée comme un ballon, et, à la suite, gît sur l'eau, déchiré et décomposé, un corps noirâtre de dix à quinze mètres de longueur. Peut-être s'agit-il de l'immense cétacée qui pendant une quinzaine a tenu en éveil la curiosité des Marseillais : un service régulier de bateaux avait dû être organisé pour aller du port en pleine mer visiter le gigantesque mammifère.

Le matin, mercredi, dès l'aube nous apercevions Notre-Dame de la Garde vers laquelle monte de nos cœurs un bon merci ; d'un autre côté le château d'If avec les rochers des alentours : nous sommes au port. Mais hélas ! la malheureuse peste imaginée par les Anglais nous vaudra peut-être un séjour au lazaret et nous sommes déjà signalés comme passagers de provenance de port reconnu contaminé de peste (1). Et c'est bien vers le lazaret que nous nous dirigeons. D'un côté la douane, de l'autre l'établissement où peut-être nous passerons quelques jours ; il y a là d'ailleurs une chapelle d'assez bonne apparence, ce serait une consolation. Cependant, tout le monde est sur le pont, sac au dos, valise à la main, attendant les ordres de la *Santé*. L'excellent docteur du bord, dont j'avais eu l'occasion d'apprécier l'obligeance, nous rend bon témoignage, paraît-il, puisqu'on ordonne le débarquement ; nous faisons nos adieux à l'équipage du *Niger*. Notre bonne Alsacienne est la première à l'assaut, comme toujours ; à sa suite la caravane descend l'étroite échelle ; on nous assigne pour

---

(1) Un passe-port sanitaire délivré par le médecin du bord, avait été donné à tous les passagers du *Niger* pour être présenté, dans les 24 heures, à la mairie respective de chacun d'eux.

local provisoire un vaste hangar délabré où les bagages déposés sont immédiatement visités. Les vêtements suspects s'en vont sur de grosses charettes vers l'étuve où disparaîtront tous les microbes. Les Syriens sont là aussi, parqués comme du bétail ; moins pacifiques que nous, ils se livrent à des combats singuliers à coups de pieds et à coups de poings ; les femmes qui essaient de remplir le rôle de pacificatrices ne réussissent qu'à demi. Nous errons toujours dans le hall, veillant sur nos bagages et quelque peu impatients d'en finir. Rien qui puisse charmer nos loisirs ; ici un douanier lie conversation, avise un chapelet dans quelque valise ouverte et appelle l'attention sur sa petite pieuse famille ; le pèlerin comprend et satisfait le désir exprimé à demi mot ; là, un comptoir où l'on va se désaltérer ; dans la salle voisine, se tord sur une table un animal hideux qui attire les curieux ; je vais aussi, une petite pieuvre déployait ses tentacules encore inoffensifs autour des mains d'un manouvrier ; ses huit bras plus gros que le corps lui-même et terminés chacun par une bouche ou une sorte de ventouse ont un aspect repoussant. Que Dieu nous préserve de la pieuvre !

Aujourd'hui les rues de Marseille nous paraissent tout orientales ; il faut grimper longtemps et nous sommes cahotés ! voici pourtant l'Hôtel de Rome, notre point de départ.

Deo gratias ! Je puis dire que nous avons fait le plus agréable, le plus intéressant et le plus pieux des voyages. Le vénéré directeur du *pèlerinage des Vacances* a montré les ressources de son esprit organisateur ; les difficultés provenant du trouble occasionné par les quarantaines surgissaient à chaque instant mais bien vite elles se trouvaient aplanies ; le programme se réalisait et les pèlerins, un moment inquiets retrouvaient leur expansion. Aussi, est-ce de tout cœur que je viens d'offrir à M. l'abbé Polard l'expression de ma reconnaissance.

Je pars pour Lyon ; demain, je dirai à Notre-Dame de Fourvières une Messe d'action de grâces, pour aller ensuite revoir mes chères montagnes du Jura, sûrement plus verdoyantes que les collines de la Syrie, mais quand même je rêverai longtemps du pays du Christ, du pays des Périclès et du royaume des Pharaons. Quand vous aurez lu mes lettres, si décousues et si incorrectes qu'elles soient, je suis persuadé qu'à votre tour vous rêverez un pèlerinage de vacances et, en vrai ami, je vous le souhaite de tout cœur.

Imp. A. GET et Cie Lons-le-S. 9.9-1901

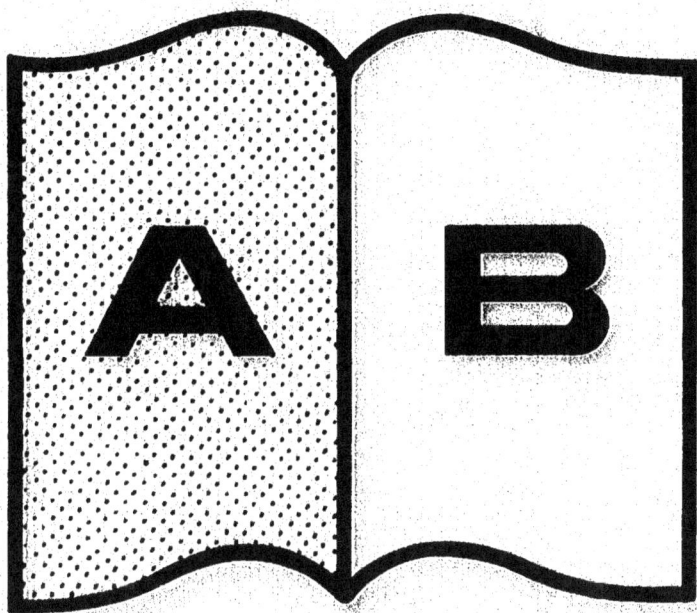

Contraste insuffisant

NF Z 43-120-14